EL INSTRUCTOR DEL MUNDO PARA TODA LA HUMANIDAD

BENJAMIN CREME

Índice

Prólogo

Mientras Maitreya, el Instructor del Mundo, se encuentra preparado para emerger en pleno trabajo público, hemos recopilado en este libro una perspectiva del trasfondo de este acontecimiento trascendental. Está basado en la charla temática de la Conferencia de la Red Share International cerca de San Francisco, EEUU, de agosto de 2004, y es principalmente un comentario sobre diversos artículos escritos por mi Maestro para nuestra revista *Share International* entre 1987 y 2002, con preguntas asociadas de Norteamérica y Holanda, y una recopilación de conferencias públicas impartidas en Tokio y Osaka, Japón, en 2003 y 2006. No se trata simplemente de un 'vistazo' aéreo del tema sino más bien un relato completo de las muchas ramificaciones que surgirán de este acontecimiento planetario trascendental.

El libro detalla el retorno planificado de nuestra Jerarquía planetaria y el descenso de Maitreya de Su retiro en los Himalayas en julio de 1977 y de Su trabajo en el mundo, aunque detrás de la escena, desde entonces. Habla también de los enormes cambios que Su presencia ha suscitado; de Sus planes y proyectos, y Sus prioridades y recomendaciones en el futuro inmediato. Le muestra como un gran y poderoso Avatar, y, al mismo tiempo, como un amigo y hermano de la humanidad.

El consejo de Maitreya conducirá a la humanidad a una elección sencilla entre dos líneas de acción: ignorar Sus recomendaciones y continuar en nuestro actual modo de vida, y así enfrentarnos a la autodestrucción; o aceptar gustosamente Su consejo para inaugurar un sistema de compartir y justicia que garantice un futuro pacífico y próspero para la humanidad, y la creación de una civilización basada en la divinidad interna de todos los hombres. Maitreya no tiene dudas de la elección que haremos y aguarda la continuación abierta de Su misión en nuestro nombre.

Benjamin Creme

Londres, Marzo 2007

Una perspectiva general

El siguiente artículo está editado de las conferencias públicas de Benjamin Creme en Tokio en 2003 y en Osaka en 2006, y presentan una perspectiva general del emerger del Instructor del Mundo y los Maestros de Sabiduría.

Mucho de lo que tengo que decir ya es conocido, y si no lo es, fácilmente accesible. Comenzando en 1875, parte de esta información ha sido publicada en libros traducidos en muchos idiomas, y está disponible para cualquiera que se tome el esfuerzo de leerlos. La gran discípula, Helena Petrovna Blavatsky, fundadora de la Sociedad Teosófica, comenzó la divulgación de esta información. Ella vivió durante tres años en las montañas de los Himalayas con los Maestros de los que voy a hablar. Su trabajo fue continuado en 1924 por otra gran discípula rusa, Helena Roerich, a través de la cual se dieron las enseñanzas de Agni Yoga al mundo, y por una gran discípula inglesa, Alice A. Bailey, entre 1919 y 1949.

Yo he sido capaz de actualizar estas enseñanzas, para mostrar lo que en realidad está sucediendo en el proceso del retorno de los Maestros al mundo cotidiano. Es desde mis propias experiencias personales y contactos que realizo estas afirmaciones. Pero no pido que me creáis. Yo simplemente os presento mi información para vuestra consideración. Si os parece razonable y racional, si parece relacionarse con los eventos actuales, los acontecimientos del mundo que están teniendo lugar y lo han estado haciendo durante muchos años, en resumen, si portan el eco de la verdad para vosotros, entonces por todos los medios, creedlo, pero si no es así, no lo hagáis. Soy perfectamente consciente que gran parte de esta información parecerá extraña y quizás increíble para algunos de vosotros. Si ese es el caso, por favor, estad seguros de que no me sentiré en lo más mínimo ofendido ni incluso decepcionado. Pero si esta información al menos os permite esperar un futuro mejor para vosotros y vuestros hijos, me sentiré completamente satisfecho.

Tensión y crisis

Lo que el mundo necesita ahora es la eliminación del temor y la renovación de la esperanza. Pasamos por uno de los mayores períodos de tensión desde el fin de la Guerra Fría. Esta fase específica de tensión y crisis comenzó el 11 de Septiembre de 2001.

En ese día, un atentado perpetrado por terroristas extranjeros tuvo lugar en el World Trade Center en Nueva York y el Pentágono en Washington, DC, como también un atentado frustrado contra la Casa Blanca. Fue un ataque no sólo contra Norteamérica, sino contra el poder norteamericano, representado por el Pentágono y la Casa Blanca, y las principales naciones industrializadas del mundo a través del ataque contra el World Trade Center. Ese terrible y dramático ataque tomó por sorpresa y conmocionó a Norteamérica y al mundo entero. El mundo ha permanecido en un estado de conmoción desde entonces. Pero yo sugiero que no debería haber tomado tan de sorpresa al mundo. Fue uno de los más osados, más audaces y más organizados de muchos de tales atentados contra el mundo occidental.

Ese atentado dio como resultado un ataque contra Afganistán en el cual murieron más ciudadanos normales y corrientes inocentes en Afganistán que los que murieron en el World Trade Center el 11 de Septiembre. A esto le siguió el ataque norteamericano y británico contra Irak, y la ocupación subsiguiente en la cual cientos de miles de ciudadanos iraquíes inocentes también han perdido sus vidas.

Los norteamericanos, los británicos y otros gobiernos no han reconocido que el ataque contra el World Trade Center y el Pentágono, y el frustrado ataque contra la Casa Blanca, tienen una causa. Es el efecto de una causa. En otras palabras, es kármico. Es el resultado de la Ley del Karma, la Ley de Causa y Efecto.

La causa es compleja, pero simplificándola, es la diferencia extrema en los estándares de vida entre el mundo desarrollado occidental y el mundo en desarrollo. Un tercio del mundo –principalmente Norteamérica, Europa, Japón, Australia y Canadá– usurpan y malgastan de forma codiciosa tres cuartas partes de los alimentos del mundo, y cerca del 83 por ciento de todos los demás recursos. El mundo en desarrollo, el así denominado Tercer Mundo, debe conformarse con el resto, distribuido entre dos tercios de la población mundial.

Esta división es el resultado de la codicia, la falta de compasión, y la complacencia. Es injusto y extraordinariamente peligroso para la seguridad del mundo. El mundo en desarrollo no soportará para siempre esta situación. Ellos exigirán su justa parte de los recursos del mundo. El primer paso en esa dirección fueron los ataques contra Norteamérica. El mayor peligro para el mundo no era la existencia de Irak, con su dictadura, ni lo es Irán con sus actitudes fundamentalistas musulmanas y falta de respeto por Norteamérica, ni lo es Corea del Norte con su potencial militar. El mayor peligro es la discrepancia en los estándares de vida entre el mundo desarrollado y en desarrollo.

La humanidad está tardando mucho tiempo en comprender estos problemas, los verdaderos problemas que le acosan ahora. Pero a menos que comprenda estos problemas, no habrá esperanza para el futuro del mundo. Las tensiones existentes en esta discrepancia de estándares de vida guardan las semillas de una tercera guerra mundial. Esa guerra sería nuclear y destruiría toda vida en el planeta.

Soy una persona muy optimista por naturaleza. Tiendo a mirar el lado más prometedor de la vida, y no estoy muy deprimido por los tenebrosos pensamientos sobre la destrucción del mundo. Pero si no supiera lo que sé, tendría poca esperanza que la humanidad fuera a sobrevivir, poca esperanza de que con el tiempo la humanidad fuera a despertar a los problemas reales que le acosan, y comience a cambiar. Tengo muchas dudas de que por nosotros mismos hagamos esto.

Afortunadamente, no creo que estemos solos, sin ayuda, sin orientación. Detrás de la humanidad, desde los primeros días de su existencia, ha existido un grupo de hombres de extraordinaria visión y sabiduría, conocidos como Maestros de Sabiduría, la Jerarquía Espiritual de nuestro planeta.

Los Maestros de la Jerarquía Espiritual

Este grupo de hombres han ido delante de nosotros en evolución. Han llegado a un punto donde no necesitan más experiencia encarnatoria en la Tierra, pero a pesar de ello permanecen para actuar como un tipo de gobierno interno del mundo. Los Maestros son los Custodios del Plan de evolución que impulsa a la humanidad hacia delante y hacia arriba, tanto si somos conscientes de ello como si no. Ellos han conducido a la humanidad desde la etapa del hombre o mujer animal primitivo hasta el punto en el que estamos ahora, guiando, protegiendo y estimulando el avance evolutivo de todas las personas.

A veces han trabajado más abiertamente, pero durante los últimos 98.000 años, con muy pocas excepciones, han vivido en las remotas zonas montañosas y desérticas del mundo, como los Himalayas, los Andes, las Montañas Rocosas, los Cárpatos, los Urales y el Desierto de Gobi y otros desiertos. Desde estas zonas montañosas y desérticas, trabajando principalmente a través de Sus discípulos, hombres y mujeres del mundo, Ellos han guiado a la humanidad a través del sendero evolutivo con Su amor y sabiduría.

Durante más de 500 años los Maestros han sabido que tarde o temprano deberían regresar al mundo cotidiano, conocidos por nosotros por lo que son. Esto está relacionado con Su propia evolución, bastante diferente de la evolución humana. La única cuestión era cuándo estaría preparada la humanidad para el retorno al mundo cotidiano de tales gigantes espirituales. Hasta relativamente hace poco, se pensaba que no sería hasta dentro de 1.200 o 1.300 años que estaríamos preparados para recibir a hombres de tal tipo de potencia espiritual en nuestro mundo cotidiano.

Pero en junio de 1945, al final de la Segunda Guerra Mundial, Maitreya, el guía y líder de ese grupo de hombres pefeccionados, anunció Su decisión de regresar al mundo en el menor tiempo posible, junto con una importante porción de Su grupo. Maitreya dijo que Él vendría cuando una medida de paz se hubiese establecido en el mundo, cuando la energía que denominamos buena voluntad, que los Maestros consideran el aspecto más inferior del amor, se estuviera manifestando y condujera al establecimiento de correctas relaciones humanas, y cuando los grupos religiosos y políticos estuvieran poniendo sus casas en orden. Estas condiciones no debían cumplirse de forma perfecta, sino que cuando nuestras mentes al menos se estuvieran moviendo en esas direcciones, Maitreya afirmó que Él vendría sin falta en el menor tiempo posible.

La venida de Maitreya fue pronosticada hace 2.600 años por Gautama Buddha, que dijo que en este momento vendría otro gran instructor, un Buddha como Él con el nombre de Maitreya que, con la ayuda de Su colosal estatura espiritual, galvanizaría e impulsaría a la humanidad a crear una brillante civilización dorada basada, como Él lo dijo, en la rectitud y la verdad.

Cada manifestación de un Instructor que ha tenido lugar desde tiempos inmemoriales ha sido de un discípulo adumbrado por el Instructor. Históricamente son conocidos como Hércules, Hermes, Rama, Mithra, Vyasa, Confucio, Zaratustra, Krishna, Shankaracharya, Gautama, Jesús y Mahoma. Todos ellos han sido discípulos adumbrados por el Instructor mismo. Al igual que Buddha trabajó a través del Príncipe Gautama, así en Palestina Maitreya trabajó a través de Jesús de Nazaret.

Maitreya es la encarnación de lo que llamamos el Principio Crístico, la energía del Amor. Maitreya es tan avanzado, tan puro, que Él puede encarnar en Su propio ser, y no simplemente canalizar, la energía del Amor, el segundo aspecto de Dios. A través de Jesús Él mostró ese Amor de Dios en su perfección en un hombre por primera vez, al igual que a través del Príncipe Gautama, el Buddha mostró el aspecto Sabiduría de Dios en su perfección en un hombre por primera vez.

Ahora, por primera vez en la historia, el Instructor ha venido al mundo Él mismo. Maitreya es el director y líder de Su grupo de discípulos, los Maestros de Sabiduría, y ostenta el cargo de Instructor del Mundo. Él ha ostentado este cargo durante los últimos 2.000 años, apareciendo a través de Jesús, y será el Instructor del Mundo para esta era venidera, la era de Acuario, que ahora comienza y que durará aproximadamente 2.350-2.500 años.

Durante miles de años, Maitreya ha vivido retirado en las alturas de los Himalayas. Pero Maitreya llegó al mundo cotidiano –Él nunca abandonó el mundo– el 19 de julio de 1977. El 8 de julio, Maitreya descendió de su retiro en las montañas en un cuerpo autocreado, construido especialmente para esta misión en el mundo. Este cuerpo le permite vivir en nuestro nivel de existencia, y al mismo tiempo ser lo suficientemente sensible para traer Su conciencia como el Instructor del Mundo. Maitreya permaneció en las llanura de Pakistán durante algunos días para aclimatar ese cuerpo, y el 19 de julio vino en avión a Londres, Inglaterra. Él ha hecho de la comunidad asiática de Londres lo que Él denomina Su punto focal en el mundo moderno.

Comienzo de una Nueva Era

¿A qué me refiero con la era de Acuario venidera? Permitidme ilustrarlo en términos astronómicos, porque es un hecho astronómico que estemos entrando en una Nueva Era. El sistema solar del cual formamos parte realiza un viaje en el espacio que le lleva completar, en relación con las constelaciones, unos 25.000-26.000 años. Por tanto aproximadamente cada 2.150 años nuestro sol entra en un alineamiento específico, una relación energética, por orden, con cada una de las constelaciones. Cuando el sol se encuentra en ese alineamiento, decimos que estamos en la era de esa constelación específica.

Durante los últimos 2.150 años ese alineamiento ha sido con la constelación de Piscis. Hemos estado en la era de Piscis, y esa era ha llegado a su fin. El sol se ha apartado de la esfera de influencia de las energías de Piscis y está entrando en la misma relación con la constelación de Acuario, y por tanto, con las energías de Acuario. Las energías de Piscis comenzaron a retraerse en 1625. Las energías de Acuario comenzaron a entrar y a afectar nuestro planeta en 1675. Actualmente existe una especie de equilibrio.

Las energías de Piscis y las energías de Acuario son, en lo que a nosotros nos concierne, más o menos iguales, y ese es nuestro problema. Las energías de Piscis se están retrayendo y han dejado todas las estructuras que fueron construidas bajo su influencia: políticas, económicas, religiosas, sociales, científicas, educativas, culturales, etc. Todas estas estructuras se han cristalizado. Existen, pero ya no poseen la energía que las trajo a la existencia, así que ya no funcionan. Al responder nosotros a las energías de Piscis, han separado completamente el mundo en minúsculas partes fragmentadas.

Las energías de Acuario, que van aumentando en potencia con cada día que pasa, trabajan sobre nosotros de una forma muy diferente. Tienen un efecto completamente diferente en la humanidad. Son las energías de síntesis. Al igual que las energías de Piscis han dividido el mundo, las energías de Acuario unirán a la humanidad, mezclando y fusionando a la humanidad en un grupo.

Al comienzo de cada nueva era, desde el comienzo de los tiempos, un Instructor de la Jerarquía Espiritual de Maestros ha venido al mundo para inaugurar la era, poner en movimiento las ideas que elevarán y galvanizarán a la humanidad, impulsándola hacia delante en su evolución, y creando las condiciones en las cuales esto pueda hacerse.

Establecimiento de la paz

Los planes de Maitreya son despertar a la humanidad a los peligros a los que se enfrenta y mostrar a la humanidad cómo evitar la autodestrucción. Maitreya dice que realmente es sencillo para la humanidad si podemos tomar el primer paso.

La humanidad necesita sobre todo establecer la paz. Sin paz no habrá futuro para la humanidad porque tenemos la capacidad nuclear para destruir el mundo y toda vida, humana y subhumana por igual. ¿Cómo conseguimos la paz? Esa es la pregunta esencial. Ciertamente no utilizando los métodos de los gobiernos norteamericano y británico en tiempos recientes cuando atacaron un país tras otro. Eso ciertamente no va traer paz al mundo. Incluso no pondrá fin al terrorismo en el mundo. Nunca habrá un fin del terrorismo hasta que el mundo mismo cambie.

Sólo una cosa creará paz y el fin del terrorismo, la creación de un mundo justo. Si no hay justicia, nunca habrá paz. Si no hay justicia, no hay esperanza para ninguno de nosotros porque todos en el mundo morirán a menos que establezcamos justicia en el mundo. Sólo hay una forma de establecer justicia y es compartiendo los recursos del mundo más equitativamente. Es tan simple y sin embargo nos abstenemos de hacerlo. Sin compartir nunca habrá justicia. Sin justicia nunca habrá paz. Sin paz no hay futuro para nosotros.

¿Así, qué es lo que tenemos que hacer? Las naciones desarrolladas tienen que comprender que los alimentos y recursos del mundo pertenecen a todos, son dados por divina providencia a todos los pueblos del mundo, no sólo a las naciones desarrolladas que tienen el dinero para comprar los alimentos y los recursos. Tienen el dinero para comprar porque son más avanzados tecnológicamente, más avanzados industrialmente quizás. Pero los bienes que producen no dan valor a los recursos y actividades de las personas del Tercer Mundo. Este enfoque es arrogante, deshonesto, codicioso y egoísta, y tiene que cambiar, de otra forma no hay futuro para el mundo.

Los Maestros de la Jerarquía Espiritual tienen planes para la redistribución de los recursos del mundo, que serán presentados tan pronto como la humanidad diga: "Tenéis razón. Creemos que el único camino es compartir mejor los recursos. ¿Cómo lo hacemos?"

Es sencillo de hacer. Probablemente lo más sencillo de hacer es ese primer paso hacia el compartir. Las personas imaginan cosas de una forma puramente personal. Dicen: "Oh, Dios mío. ¿Compartir?¿Se llevarán mi dinero de mi banco y lo enviarán a Indonesia o África a personas que no conozco?" En realidad, será algo muy distinto a eso. Se hará a niveles nacional e internacional.

Se pedirá a cada nación que haga un inventario de lo que tiene y lo que necesita, lo que produce y lo que importa. Entonces se pedirá a cada nación que ceda en confianza para el mundo en su conjunto a un depósito común aquello que tiene en exceso de sus necesidades. De ese depósito común se satisfarán las necesidades de todos. ¿Acabará eso con el terrorismo del mundo? Probablemente no al principio. Pero es el primer paso en la creación de justicia en el mundo, y creará lo imprescindible para esa correcta relación que denominamos confianza.

Cuando creamos confianza podemos hacer maravillas. Podemos hacer lo que es imposible sin ella. Cuando los países confían unos en otros, pueden hablar sin temor entre ellos. Con la creación de confianza a través del compartir de recursos, podemos comenzar a solucionar todos los problemas del mundo, uno tras otro. Se convierten en tratables y fácilmente solucionables y el mundo puede cambiar realmente muy rápido.

Y con esa creación de confianza a través del compartir, podemos superar la situación actual de personas que están llenas de odio y resentimiento. Están llenas de un sentimiento de injusticia, y no ven una manera de dar una vida decente a sus hijos, y así, algunos de ellos, se convierten en terroristas.

Enseñanzas de Maitreya

Las enseñanzas de Maitreya demuestran y afirman la interconexión de todas las cosas en el mundo. Ésta es la lógica de la Ley del Karma, la Ley de Causa y Efecto. Recientemente en Estados Unidos hubo un terremoto de escala 4,9 en el este, en una zona que normalmente no es propensa a terremotos. Por todo el medio-oeste de Estados Unidos, Kansas y los estados centrales, ha habido cientos de tornados, uno después del otro durante días, dejando regueros de destrucción de un ancho de 600 kilómetros y matando a muchas personas.

Se les denomina actos de la naturaleza, actos de Dios. Pero en este caso son el resultado de la Ley del Karma. La crisis que se manifestó como la infección de SARS en China y otros sitios, por ejemplo, las epidemias de gripe en toda Europa, son el resultado directo del temor generado por las condiciones de crisis creadas por los ataques norteamericanos en Afganistán e Irak. No es una cuestión de Dios castigando al agresor. Es una simple ley de interconexión de todos los átomos en el universo. Lo que sucede aquí pone en movimiento algo que inevitablemente tendrá lugar en otro sitio debido a la ley de acción y reacción.

Cuando la humanidad comprenda realmente esta ley, la Ley del Karma, no sólo como una idea intelectual, verá que cada pensamiento, cada acción, pone en movimiento una causa o causas. Los efectos resultantes de estas causas conforman nuestras vidas para bien o para mal.

La necesidad de inofensividad en toda acción de nuestras vidas se vuelve aparente. Cuando actuamos, tenemos que saber cuál podría ser el resultado de esta acción. Si la acción es destructiva, produce destrucción en el mundo. Si la acción no es destructiva, si es creativa, si es inofensiva, crea inofensividad, crea bien en el mundo.

Tenemos nuestra evolución en nuestras manos. Somos responsables. Cada acto, cada pensamiento forma parte de los pensamientos y acciones de toda la humanidad, y afectan a toda la humanidad. No podemos imaginar cuán lejos llega nuestro pensamiento antes de que regrese como la reacción a una causa. Cuando los pensamientos y acciones de la humanidad son destructivos, cuando creamos formas mentales de destrucción, ataque, muerte y temor, generamos así formas mentales que repercuten en las fuerzas de la naturaleza. Estas fuerzas están bajo el control de las evoluciones dévica o angelical. Pierden el equilibrio cuando nosotros estamos desequilibrados, y como resultado hay terremotos, tornados, inundaciones, tifones.

Tenemos que comenzar a pensar de una forma más integrada, viendo la conexión entre los eventos, no poniendo todo en categorías separadas y así ya no se relacionan más. Todo está relacionado con lo demás. Todo afecta a lo demás. Tenemos que adquirir la visión y la respuesta inteligente a nuestros sentimientos e intuiciones sobre cómo vivir. Si escuchamos a nuestra intuición, si escuchamos a nuestro corazón, podemos aprender a vivir de una forma que es inofensiva, que no cause esta codicia, este egoísmo, este impulso antagónico entre nosotros y la sociedad, entre nuestro país y otro país.

Todos en el mundo, sin excepción, buscan, aspiran, anhelan, la experiencia de la unidad. El equilibrio refleja la unidad subyacente de todas las personas. Pero nuestro mundo moderno está construido sobre la competencia, el opuesto del equilibrio. Tienes que ganar, tienes que hacer algo mejor, más barato, más rápido, más agresivamente, que algún otro. Todos están enzarzados en la competencia, y no le dan a la intuición el espacio para respirar, para vivir, para proporcionarles el sentido de su propio anhelo por la unidad. Estamos enzarzados en la competencia y lo que necesitamos es cooperación. La cooperación refleja el anhelo por la unidad, el anhelo por el equilibrio, que es la única forma posible y creativa para avanzar en la evolución.

La cooperación requiere conciencia despierta. Tenemos que ser conscientes de lo que nos está sucediendo. Si no somos conscientes, nos volvemos como máquinas, antagónicos y destructivos, lo opuesto de lo que necesitamos y lo que somos, que es una persona cooperativa y creativa que anhela crear cooperativamente con los demás y poder demostrar la unidad del mundo. Todos sin excepción en algún nivel tenemos ese ideal porque todos formamos parte de humanidad una.

El Emerger de Maitreya

Maitreya como Instructor del Mundo está esperando una oportunidad para presentar Sus enseñanzas directamente a la humanidad. Entre 1988 y 1991 Maitreya dio una serie de predicciones sobre sucesos mundiales, que nos fueron dados para publicar en nuestra revista *Share International*.[1] Una de las primeras de estas predicciones fue que habría un caída de las bolsas mundiales que comenzaría en Japón. Eso parecía una afirmación extraordinaria en ese momento. A mediados de 1988 el índice Nikkei rondaba los 40.000 puntos. En 1990 comenzó a caer. Y los japoneses, que entienden de estas cosas, dijeron que si llegaba a los 18.000 puntos, sería el fin. Llegó hasta los 10.000 puntos y luego hasta los 7.000 puntos. Como resultado de ello, como dominós, le siguieron todos los países del sudeste asiático, Malasia, Indonesia, Hong Kong y Singapur. Todos comenzaron a caer como resultado de la caída japonesa. Y luego Rusia, Brasil y Argentina.

Las bolsas de Estados Unidos y Europa han estado subiendo y bajando, subiendo y bajando, pero realmente no siguen el patrón como lo hicieron en Japón. Maitreya está esperando el colapso de las economías norteamericana y europea para aparecer, para presentarse al mundo, para comenzar Su enseñanza pública. Pero los acontecimientos en el mundo son tan críticos, con tanta tensión y temor, que Maitreya está interesado en aparecer tan pronto como sea posible. Él aprovecha cada oportunidad para presentarse cada vez más directamente a los grupos que están trabajando para la Reaparición pero también a una escala más amplia a las personas en el mundo.

Él habla con personas a todos los niveles, personas normales y corrientes y aquellos más útiles en todos los niveles, político, económico, social, científico, educativo, etc. Personas que puedan ayudar al mundo, que tengan influencia para bien en el mundo. De esta forma Él puede construir

---

1 Estas series de predicciones y enseñanzas de Maitreya se han recopilado y publicado en el libro *Las Enseñanzas de Maitreya – las Leyes de la Vida*.

un gran cuerpo de personas que en el futuro inmediato comiencen los cambios necesarios para transformar el mundo para mejor.

Cuando Maitreya se presente, Él no utilizará al principio el nombre Maitreya. Él se presentará como una persona normal y corriente, aunque, por supuesto, una personas extraordinaria. Él aparecerá en primer lugar en Norteamérica en una gran cadena de televisión, y luego en Japón y en todo el mundo. Él será conocido por Su análisis de las necesidades del mundo. Buscad a un hombre que pide justicia para todo el mundo, libertad para todo el mundo.

Cuando suficientes personas respondan a lo que Él tiene que decir, se pedirá a Maitreya que hable al mundo entero. En ese día, el Día de la Declaración, como será conocido, veréis un rostro para entonces ya familiar en televisión, el de Maitreya. Las cadenas de televisión de todo el mundo se conectarán por satélite, que en realidad están allí para este acontecimiento. Y luego sucederá algo extraordinario. Simultáneamente en todo el mundo las personas verán el rostro de Maitreya en sus televisores. Maitreya es omnisciente y omnipresente, y toda persona mayor de 14 años oirá Sus palabras, Sus pensamientos, Sus ideas, internamente, silenciosamente, telepáticamente, en su propio idioma. Mientras observes este rostro, Sus labios no se moverán, Él no hablará, pero Sus ideas entrarán en tu mente. Los franceses le oirán en francés, los alemanes en alemán, los ingleses en inglés, los holandeses en holandés, los japoneses en japonés, y así en todo el mundo. Sea lo que sea que estés haciendo, si estás pescando o debajo de un coche, si no estás viendo la televisión, aún y así escucharás la voz, los pensamientos, las ideas de Maitreya, internamente. Este milagro es una repetición, sólo que ahora a escala mundial, de los verdaderos acontecimientos de Pentecostés hace 2.000 años. También de esta forma, Maitreya revelará la futura capacidad de todas las personas de comunicarse mentalmente, telepáticamente a voluntad, a cualquier distancia.

Maitreya dará un breve relato de la larga historia del mundo, y mostrará la altura desde la cual la humanidad ha caído al materialismo actual. Él introducirá el hecho de Su grupo, la Jerarquía Espiritual de Maestros. Él mostrará el futuro, y delineará algunas de las extraordinarias maravillas científicas que abrirán nueva vida para la humanidad. Él realizará su apelación por la justicia, por el compartir como el único camino hacia la justicia, y así hacia la paz en el mundo.

Mientras esto esté teniendo lugar, Su energía, la energía del Amor, fluirá en tremenda potencia a través de los corazones de todos. Esto invocará una respuesta intuitiva, sincera al mensaje. Él ha dicho: "Será como si Yo abrazara a todo el mundo. Las personas lo sentirán incluso físicamente". En el plano físico denso tendrán lugar cientos de miles de sanaciones, curaciones milagrosas espontáneas en todo el mundo.

De estas tres formas sabréis que ese Hombre, y, por supuesto, sólo ese Hombre, es el Instructor del Mundo esperado por los cristianos como el Cristo, por los musulmanes como el Imán Mahdi, por los judíos como el Mesías, por los hindúes como Krishna o Kalki Avatar, por los budistas por Su nombre, Maitreya Buddha, por las personas sin ninguna afiliación religiosa que simplemente anhelan una vida mejor para todos.

Nuestra respuesta a este acontecimiento determinará el futuro completo de nuestro mundo. Maitreya nos presentará una elección. Tenemos libre albedrío y la elección es nuestra. Dicho de forma sencilla, es una elección por compartir, por la justicia y el fin de la guerra y el terrorismo para siempre, o la eventual aniquilación de toda vida en la Tierra, humana y subhumana por igual. Maitreya ya ha dicho: "Mi corazón me dice vuestra respuesta, vuestra elección, y se alegra".

El Instructor del Mundo para toda la Humanidad

El siguiente artículo es una versión editada de la charla impartida por Benjamin Creme de la Conferencia de Meditación de Transmisión celebrada cerca de San Francisco, EEUU, en Agosto de 2004.

El Emerger de Maitreya

*"Durante varios años, mucha gente ha esperado, con diferentes grados de paciencia, el emerger de Maitreya en la escena del mundo, para presentarse a la gente como el Instructor del Mundo para Acuario. Muchos han encontrado la espera verdaderamente tediosa, mientras que otros han trabajado con alegría para informar al mundo de Su presencia y planes, sabiendo que finalmente sus esfuerzos tendrían éxito. Ha amanecido el día en el que todos Le verán. Sabiéndolo o no, todos Le han llamado y El ha mantenido Su promesa de regresar." ('**El Emerger de Maitreya**', por el Maestro —, **SI**, Abril 1987)²*

"Muchos han encontrado la espera verdaderamente tediosa." Si conocierais a Maitreya mejor de lo que en realidad lo conocéis, sabríais que Él cree que Él ha regresado. Él realmente cree que todo este debate de cuándo Él va a aparecer es un sinsentido. Él ya lo ha hecho. Cuando Él visita a grupos –por supuesto, no vestido o parecido a Maitreya–, ellos saben de quién se trata porque ha sido confirmado por mi Maestro de que era Maitreya. Entonces Él vuelve a aparecer con la misma apariencia de caballero y ellos le formulan preguntas y Él responde –y entonces dicen: "¡Pero vaya, lleva tanto tiempo! Lo que me desagrada es el estado del mundo, y es una espera tan larga. ¿Cómo le explico a las personas que lleva tiempo?" Él dice: "¿De qué estáis hablando? Podéis estar todo lo ansiosos que deseéis, pero es ridículo. No hay nada por lo que estar ansiosos". "El mundo está bien, lleno de promesas. Maitreya está aquí. Él ha retornado. No tenéis nada por lo que esperar; se ha hecho –el plan se desarrolla bien."

---

2   Las citas del Maestro —, a través de Benjamin Creme, primero publicadas en la revista Share International (SI), también se publicaron en el libro Un Maestro Habla (tercera edición expandida en inglés, 2004).

El mundo está en un estado de cambio que no podemos ni siquiera comenzar a vislumbrar. Tan involucrados estamos, naturalmente, en los sucesos de los últimos pocos años: desde el 11/9, por ejemplo, seguido del ataque a Afganistán, y la invasión de Irak que todavía continúa, sin mencionar las posibilidades de más terrorismo.

La década anterior al 11/9 fue una de creciente calma, creciente cambio para mejor. Sucedieron cosas extraordinarias: el fin de la Guerra Fría, por ejemplo, un suceso extraordinario, el mayor acontecimiento en el mundo desde el fin de la Segunda Guerra Mundial. Quitó de la humanidad el temor de una muerte súbita –no sólo la posibilidad de la misma, sino casi la probabilidad de un fin catastrófico de todo. Las personas dejaron de tener niños porque no querían traerlos a un mundo que iba a destruirse. Ahora las personas tienen niños, lo esperan con ilusión, y saben que sus hijos van a vivir y construir una nueva civilización.

Las personas experimentaron en los 10 a 12 años antes del 11/9 una transformación extraordinaria del mundo. Para las personas involucradas, algunos de ellos fueron tremendos, álgidos: los cambios que tuvieron lugar en la Unión Soviética, el colapso del sistema político, las exigencias de millones de personas por un estilo de vida mejor y más simple, y el emerger de los ahora mega-ricos hombres del petróleo de Rusia. El experimento chino que ha llevado a un ritmo constante a una gran sección de la población a una abundancia material que nunca antes habían conocido. Ninguna persona en China ha experimentado la calidad de vida o la prosperidad material que la costa oriental de China disfruta ahora. Quizás 20 millones de personas pueden ahora experimentar el bienestar material de las zonas más prósperas de Europa y Norteamérica. Esto es totalmente nuevo y ha mitigado en otras partes de China una enorme cantidad de pobreza. Es cierto que existen sectores en China que todavía son pobres, pero como conjunto, China ha salido de la pobreza agonizante que conocía antes. De igual forma, la mayoría de los rusos están encontrando más fácil la vida, aunque más vacía.

Las personas en Occidente –Norteamérica, Europa– han descubierto una creciente interdependencia, un reconocimiento de la unidad de la humanidad y la necesidad de ver el mundo como uno, y esos cambios reales son posibles sólo a una escala global.

Uno de los mayores acontecimientos de los últimos pocos años, y por primera vez en la historia, fue que se permitiera a millones de personas ser ciudadanos plenos e iguales y reconocidos como propietarios de su propio país. Fue un suceso extraordinario, la liberación de Nelson Mandela y la creación de la nueva Sudáfrica. Eso fue el trabajo directo de Maitreya. Él hizo que sucediera.

De igual manera, Su influencia abrió la Unión Soviética al *glasnost*, acogiendo a la Unión Soviética en la comunidad de naciones, y por lo tanto la transformación del oso viejo, iracundo y vociferando *nyet* en una federación de naciones amistosa y cooperante. Es una transformación tremenda.

También tuvo lugar la unificación de Alemania, años antes de que nadie lo estimara posible. Algunos, por supuesto, aquellos en Occidente, lo ven como una nueva responsabilidad que ha hecho disminuir su estándar de vida (que era artificialmente elevado), pero ha dado una nueva estabilidad a Europa, que, como sabéis, estuvo en un constante estado de guerra hasta la década de 1940.

Así, se ha hecho muchísimo, en gran medida por la influencia de Maitreya, lo que tendemos a olvidarnos. En nuestra angustia, preocupación por el futuro y falta de un sentido de la proporción, tendemos a olvidar los grandes cambios positivos que han tenido lugar, principalmente debido a las poderosas energías que ahora están entrando en el mundo, y la presencia de un gran grupo de hombres extraordinarios, unos 14 Maestros, y el Maestro de todos los Maestros, Maitreya mismo.

"Durante años Él, también, ha esperado la invitación de los hombres para emerger y hablar por todos. Ahora que, por fin, esto se ha dado, ha tomado las medidas para asegurar Su reconocimiento y aceptación. No por nada ha preparado a muchos grupos para reconocerle. Situados en puestos altos e influyentes, existen aquellos en diferentes campos de la vida que saben que está aquí, que conocen Sus planes y prioridades, que han escuchado Sus palabras y que creen que son ciertas. De diversos orígenes y de muchos países provienen estos que están preparados, siendo iguales en su deseo de servir a Maitreya y al mundo. Con el propio conocimiento detallado de Sus planes hablarán por Él, despertando a sus colegas y ciudadanos a la tarea por delante. De esta manera Él trabajará por medio de ellos, señalando el camino hacia un futuro mejor." (*'El Emerger de Maitreya'*)

A pesar de su disposición por la acción espontánea, todo lo que hace Maitreya, al igual que todos los Maestros, se realiza con cuidado meticuloso. Ellos invierten años y tremendas cantidades de energía dirigida para asegurarse de que un plan se lleva a cabo apareciendo a personas en todo el mundo: personas poco importantes, personas que le esperan, que le reconocerían si ellos le vieran en conferencias, etcétera. No siempre es fácil reconocerle porque Él se aparece de muchas formas diferentes: como una mujer, un hombre, una anciana con un diente, quizás se aparece con ropa hermosa pero calzando chanclos o zapatillas, un poco raro. Esa es la pista que a menudo se da. Yo recuerdo un relato sobre un Maestro que apareció vestido espléndidamente con ropa de finales del siglo XIX –un abrigo largo, un pañuelo para el cuello y un sombrero de copa con un montón de lana y material que salía de la parte de arriba del mismo.

Maitreya ha creado un enorme grupo de hombres y mujeres que le han conocido, con los cuales Él ha pasado tiempo, perfilando Sus prioridades, y hablando sobre las necesidades del mundo. Personas de todos los ámbitos de la vida, realeza, personas de poder y prestigio, jefes de gobierno, el cuerpo diplomático de todo el mundo, personas que tienen influencia sobre el gobierno, enviados especiales, etcétera. Líderes religiosos, personajes muy conocidos de la industria y gerentes de empresas. Existe ahora un enorme grupo de personas que están totalmente familiarizados con los pensamientos, ideas y planes de Maitreya. Cuando Él se haga ver más abiertamente, cuando las personas realmente le vean (aunque Él no va ha ser presentado como Maitreya), estas personas emergerán y hablarán y afirmarán que es verdad: el gran Instructor, un Instructor del Mundo, está aquí. Ellos podrían no señalarle pero dirán: "Él está aquí. Lo sé. Ésta es Su idea".

Estas personas cuentan con individuos que tienen muchos seguidores, así que cuando ellos hablen, serán creídos por las masas que sencillamente siguen a un líder. Para ellos, son líderes, de pensamiento, de ideas de moda, que escriben para periódicos y revistas, personas de altos niveles en los medios de comunicación que han conocido a Maitreya, que conocen Sus ideas, Sus pensamientos, Su análisis de los requisitos para el cambio y para la paz. De esta forma Él está construyendo una enorme opinión generalizada a Su favor.

Entonces será el momento para que las masas de personas creen una enorme y amplia opinión pública mundial que recorrerá todo el mundo y forzará a los gobiernos a comenzar un proceso de cambio, para poner en práctica las enseñanzas de Maitreya.

Algunos le verán como el Cristo. Algunos le verán como quizás un pensador político/económico que les inspirará y mostrará que existe una posibilidad para el cambio, que no tenemos que seguir al Sr. Bush o al Sr. Blair y continuar con las antiguas formas. Que los viejos métodos de dividir y gobernar han acabado, que los antiguos métodos de gobiernos de hacer políticas y forzarlas a sus pueblos han acabado. Los gobiernos llegarán a comprender, debido al poder manifiesto del pueblo, que su labor, su tarea, es satisfacer las necesidades del pueblo. Esto tendrá lugar en todos los países porque ése es el papel del gobierno. Algunos gobiernos lo hacen a un nivel minúsculo, otros lo hacen más. Algunos gobiernos son más democráticos, y hay más participación en el proceso, pero algunos son extremadamente dictatoriales y el pueblo tiene poco que decir. Esto se acabará.

"En breve, Su rostro será visto por miles de personas en todo el mundo. La televisión ha hecho posible que el Avatar entre en los hogares de incontables personas y con palabras sencillas penetre en sus corazones." *('El Emerger de Maitreya')*

Uno de los secretos del poder de Maitreya, que sólo un número limitado de personas ha experimentado hasta ahora (aunque se trata de una cifra muy elevada, es todavía limitada en comparación con la población del mundo), es la simplicidad con la que se expresa. Él habla directamente desde el corazón hasta el corazón de la persona. Él no intenta ser ingenioso. Él no intenta argumentar un caso.

Él está alertando a las personas de lo obvio, pero no parece ser obvio que muchos de los gobiernos del mundo, aunque es obvio para todos de que necesitan comida, cobijo, asistencia sanitaria, educación, estímulo, cultura y variedad en sus vidas. Todos saben eso, pero los gobiernos en su conjunto no satisfacen estas necesidades esenciales.

Es la responsabilidad de los gobiernos hacer esto, y cuando Maitreya habla, Él expresa estas cosas sencillas que la mayoría de cristianos no esperarían escuchar del Cristo. Ellos esperan escuchar charlas sobre religión, sobre Dios o sobre una religión en comparación a la otra, religión académica, religión en la forma en que los religiosos hablan de ella o luchan por ella o se preocupan por ella.

Él no viene como un instructor religioso aunque Él es esperado por todos los grupos religiosos bajo un nombre u otro. Y, por supuesto, para los diferentes grupos religiosos será una sorpresa extraordinaria, y con gran dificultad para muchas personas Él será reconocido y seguido.

"Pronto seguirán otras apariciones semejantes hasta que el mundo entero escuche y responda." *('El Emerger de Maitreya')*

Él ha planificado una serie completa de apariciones. El emerger de Maitreya está literalmente teniendo lugar, como sabemos, a lo largo de los años y en fases, cada fase permite que cada vez más personas le escuchen. Él ha invertido años en ir por todo el mundo apareciéndose a personas donde había creado manantiales de aguas curativas, magnetizando los manantiales con energía cósmica de Acuario. Al final, se me ha dicho, habrá 777 de tales fuentes de agua.

Él se apareció principalmente a grupos religiosos y casi todas las veces se creó un manantial o fuente de agua. Si se multiplican las audiencias de Sus 239 apariciones (1988-2002)[3], supone un inmenso número de personas que le han escuchado hablar, han escuchado Sus preocupaciones y Sus soluciones a nuestros problemas.

"De esta manera, el mundo llegará a saber que el Cristo, Maitreya, está entre nosotros, listo para enseñar y conducir, para servir y guiar, para mostrar el camino de regreso desde el abismo y para inspirar la creación de una nueva era para los hombres." *('El Emerger de Maitreya')*

El Maestro una y otra vez ha utilizado esta frase "para mostrar el camino de regreso desde el abismo". Desde Su punto de vista el mundo *ya* está salvado, pero la humanidad no sabe esto y debe actuar con sus mejores intenciones y más elevado propio interés, y así alejarse del abismo, el precipicio. El abismo, por supuesto, sería una guerra a escala mundial. Ésta sería nuclear y destruiría toda vida sobre la Tierra. El experimento humano sobre la Tierra cesaría.

Los Maestros están seguros que Su trabajo, Su regalo a la humanidad de protección y enseñanza y orientación, permitirá a la humanidad, en su momento, alejarse del abismo, cambiar dirección. Esa es la última fase del trabajo de Maitreya.

Cuando Él esté trabajando abiertamente en el mundo, incluso aunque no sea bajo el nombre de Maitreya, será llevar a la humanidad hasta ese

---

3   Para una lista de las apariciones de Maitreya, ver Apéndice de El Gran Acercamiento.

punto. Cuando se alcance, cuando las personas por sí mismas estén cambiando de dirección, Él podrá revelar Su verdadera estatura y propósito. Los Maestros ven la actual situación en Irak, en Norteamérica en general con la actual administración, como un tipo de hipido en el proceso de cambio. Ellos no lo consideran como un punto final que nos llevará a caer por el precipicio.

Así para los Maestros esto no es el 'final de la partida'. El final de la partida está en las mentes de los fundamentalistas que piensan que existe el 'final de los tiempos', que nos acercamos al final de los tiempos y que quizás ellos están contribuyendo a ello. El presidente de EEUU es un fundamentalista cristiano que cree que Dios le está dirigiendo. Yo creo que él vive en la ilusión, y comparto esa creencia con millones de otras personas en EEUU y en el extranjero. Pero el efecto de ello es que muchas personas están condicionadas, en sus mentes, y hasta cierto punto en sus corazones, por las enseñanzas de los fundamentalistas de considerar estos tiempos como los 'Tiempos Divinos', los tiempos pronosticados por sus escrituras, y que tienen la razón en línea con las 'declaraciones de Dios' a través de las escrituras cristianas. No existe nada por el estilo, pero eso es lo que ellos creen, y cuentan con millones de personas.

Hace muchos años recuerdo que se afirmó que había 40 millones de fundamentalistas cristianos en este país [EEUU] de una población de 275 millones de personas. Una proporción inmensa. Los fundamentalistas aquí son muy poderosos entre los grupos religiosos, tanto si son católicos baptistas o romanos. Cada uno tiene su rama de fundamentalismo y conforman una inmensa proporción de los cristianos en Norteamérica.

Maitreya dice: "Mantened vuestros ojos en el premio y el premio es la humanidad". Maitreya se apareció en una manifestación en Londres en febrero de 2003, y fue entrevistado para un vídeo por un pequeño grupo de estudiantes. Algunas personas de nuestro grupo se encontraban cerca. Él era 'antillano', caribeño, y era maravilloso. Él dijo: "Estoy tan contento. Estoy tan contento de ver a toda la generación joven manifestándose por la verdad, por la paz y por la justicia, es tan maravilloso presenciar esto". Y luego fingió que Su hijo y su nieto estaban en la manifestación, y que Él había hecho lo mismo años atrás. Y dijo: "¡Mantened vuestros ojos en el premio y el premio es la humanidad!" Entonces se le acercó un joven, y se 'saludaron chocando las manos'. Ese joven era un discípulo de uno de los Maestros. Se marcharon juntos. Así que: "¡Mantened vuestros ojos en el premio y el premio es la humanidad!"[4]

"Que no todos los hombres, al principio, Le reconocerán, quizás, debe ser dicho. No todos conocen los verdaderos antecedentes de Su vida y advenimiento. Pero, cada vez más, verán la sabiduría de Sus palabras, sentirán la bendición de Su presencia, y conocerán desde el interior de sus corazones la verdad que Él pronuncia.

"Desde el interior de sus corazones, también, responderán, reconociéndole como el Instructor para la Era. De ellos Él evocará el deseo de compartir, de volver a crear un mundo equilibrado y armonioso. Cuando los hombres se den cuenta de la urgencia de la labor, desencadenarán sobre las injusticias de la actualidad una fuerza para el bien diferente a cualquier otra jamás vista antes. La transformación del mundo ocurrirá rápidamente y los hombres trabajarán juntos como hermanos para el bien de todos. Así será. Así la nueva era será construida por el mismo hombre bajo la orientación de Maitreya y Su Grupo. La separación del pasado dará lugar a la cooperación y el compartir; el egoísmo y la codicia a un nuevo sentido de la justicia. Desde el interior del mismo hombre surgirá el impulso de mejoramiento, un testimonio de la divinidad inherente en todos nosotros. Esa divinidad mostrará Maitreya que es la naturaleza del hombre, y Él el Agente de su manifestación.

"Ahora, las señales de Su trabajo son evidentes para todos. Los viejos dogmas mueren; nuevas escobas barren los escombros del pasado. Los viejos hombres persisten pero una nueva fuerza de la verdad golpea a sus sitiados y desmoronados muros. No por mucho tiempo resistirán a esta nueva fuerza al servicio de la virtud y la justicia." *('El Emerger de Maitreya')*

Así es como Maitreya ve el efecto de Maitreya cuando Él comience a hablar abiertamente en el mundo. No todos le reconocerán. Algunos le denominarán el Anticristo. Ellos me denominan el precursor del Anticristo, el 'heraldo' del Anticristo. Me han llamado así durante mucho tiempo.

---

4   Share International, Abril 2003.

La Voz de Maitreya

Con cada día que pasa, se aproxima cada vez más la aparición ante el mundo del Gran Señor. Muy pronto ahora, la humanidad sabrá que vive entre ellos un hombre con unos atributos muy inusuales: una capacidad de servicio sólo condicionada por la Ley Kármica; un conocimiento único de esa ley incluso entre sus iguales; una sabiduría forjada con la experiencia de milenios; de la profundidad de esa experiencia, una visión del Propósito expresado en el Plan de Dios... *(El Maestro —, de 'La Voz de Maitreya',* **SI***, Julio 1994)*

Ese es el tipo de hombre que veremos. Un hombre extraordinario, diferente a cualquier otra persona que pudiéramos haber conocido antes. Nadie en el mundo, excepto quizás otro Maestro, puede hablar con el conocimiento, la sabiduría, la experiencia ancestral, que Maitreya posee. Tienes que ser un Maestro y tienes que conocer no sólo el mundo y todos sus problemas, todas sus dificultades, todo lo que se necesita en el camino del cambio, sino también el significado del mundo. Tienes que conocer el significado y el propósito de la vida en la Tierra. Tienes que ser capaz de al menos proporcionar un atisbo de ello a la humanidad del momento. Una cosa es ser el Cristo o ser un Maestro y hablar a la humanidad, pero a menos que sea en términos que la humanidad pueda reconocer, entonces nada será comunicado. Así que es una comprensión de los problemas, y las soluciones de los problemas, presentados a la humanidad de una forma que sean reales, palpables, que los reconozcamos como nuestros propios problemas y que la solución a ellos sea una respuesta lógica y creíble.

Esa, quizás, es una de las razones de que más personas no acepten sin más esta información, que nosotros podríamos esperar que lo hicieran, porque pienso que probablemente no sabemos cómo presentarla de una forma que sea totalmente creíble, totalmente comprensible, y que se considere como parte de su propia experiencia.

Si fuéramos un Maestro, especialmente Maitreya, podríamos proyectar en sus mentes respuestas, experiencias y visiones que consolidaran la información, la hicieran real para ellos. Eso es algo que es poco frecuente, algo que nosotros en general no podemos hacer.

Eso no quiere decir que no debamos intentarlo, que no debamos invertir tanto tiempo y energía como podamos en contar la historia, hacer saber el hecho de la presencia del Cristo y la naturaleza de Sus prioridades, la necesidad de cambio y los tipos de cambio que Él ve necesarios que tengan lugar.

Tenemos que presentarla de una forma que la haga real para las personas. Tienen que experimentarla. Tienes que hacerles sentir que la gente se está muriendo de hambre. No sólo palabras, sino que ellos tienen que experimentar lo que significa hasta cierto punto morirse de hambre. Lo tienes que poner en un marco al que ellos puedan acercarse y mirarlo, por más horrible que pueda ser. Proporcionar un listado de estadísticas es dar algo ininteligible. Las estadísticas son difíciles de asimilar. Podrías decir que el 20 por ciento de personas en el mundo utilizan el 80 por ciento de los recursos del mundo, y no significa demasiado. Es un hecho, un hecho terrible, pero es fácil de pasar por alto. Pero las personas podrían tener una visión de los pobres, los hambrientos, cuando vean a Maitreya y oigan Su preocupación por los millones de personas que padecen hambre, porque esas son las personas sobre las que Él habla. Él no habla sobre las clases medias bien alimentadas en Europa, Norteamérica y Japón. Él habla y se preocupa de los millones de personas que viven con un dólar al día o menos. Las personas que no tienen nada, que son todo piel y huesos y mueren por millones. Esa es la cualidad que Maitreya puede transmitir a las personas con el mínimo de exceso y la energía que saca a relucir su amor y compasión sobre el problema. Y así la respuesta a Maitreya será totalmente diferente de la que nosotros podemos conseguir diciendo las mismas cosas. Pero no debemos pensar que será fácil.

"...una habilidad para hablar, de forma simple, a los corazones de los hombres; una conciencia despierta de las necesidades de los hombres y de cómo esas necesidades pueden garantizarse; una preocupación y un amor por todo, ilimitados, insondables, más allá de todas las posibilidades que el hombre pueda imaginar. Un Héroe, un Titán, se encuentra entre los hombres, y pronto ellos descubrirán Su presencia.

"Pronto, muy pronto ahora, Maitreya planea dirigirse a una gran parte de la humanidad y manifestarle Sus esperanzas y planes, para compartir con ellos Su visión de un mundo mejor para todos. Desde ese momento, el proceso de Su emerger continuará aceleradamente, y cobrando velocidad, le introducirá públicamente al mundo. De esta forma el Hijo del Hombre cumplirá su promesa de regresar, y así los hombres sabrán que la hora de su liberación está cercana.

"Mientras espera una invitación para emerger y hablar directamente a los hombres, Maitreya, podéis estar seguros, no permaneció inactivo.

Poderosas y profundas son las transformaciones que Su presencia ha motivado e incluso en el mismo momento en que estas palabras son escritas y leídas, puede esperarse que aparezcan más cambios profundos.

"Una nueva voz se escucha en los asuntos de los hombres, expresada claramente por unas pocas mentes sensitivas entre los líderes de las naciones. Cada vez más, esta voz dará expresión a las principales necesidades de nuestro tiempo: paz, tolerancia, perdón de los errores pasados, cooperación y compartir para el beneficio de todos. Esa voz surgirá de los corazones y las mentes de todos los que aman a su prójimo, una demanda invencible para la reconstrucción y renovación mundial. Esa voz es la voz de la nueva era. Es la voz de Maitreya.

"Añade tu voz a ese clamor unido por la paz y la justicia y hazte consciente de tu lugar en la historia. Un nuevo mundo se está creando y requiere la colaboración de todos: todos tienen un papel que desempeñar en esta gran tarea; nadie debe sentirse demasiado joven o demasiado viejo para expresar en voz alta sus aspiraciones." (*'La Voz de Maitreya'*)

Ya hay individuos, y pronto grupos de individuos, que expondrán en voz alta, que ya exponen en voz alta, las necesidades del mundo. No estamos solos en expresar la necesidad de justicia para asegurar la paz en el mundo. Muchos miles de personas y quizás millones creen que ese es el caso. Nosotros somos los receptores del conocimiento sobre la presencia de Maitreya, y esto crea una situación diferente. Pero tenemos que comprender y recordar que millones de personas han respondido internamente a Maitreya, que existen diferentes grupos, diferentes tipos de personas, personas en los grupos políticos y en los negocios y en la asistencia social, en las ONG, que están preocupados con la necesidad de transformar el sistema de distribución del mundo para que las personas de todas partes puedan disfrutar de vidas decentes.

Tendemos a pensar que debido a que nuestra labor es hacer saber que Maitreya está en el mundo y que los Maestros están regresando al mundo, que todo acaba allí, que somos los únicos con estas ideas. Pero este no es el caso. Cuando comprendemos que estas mismas ideas, aunque no la Reaparición del Cristo, sino las mismas ideas políticas y económicas, son compartidas por millones de personas en todo el mundo, entonces te das cuenta que eso facilita mucho nuestro trabajo. Ellos no necesariamente estarán de acuerdo de que el Cristo está en el mundo, pero eso no es importante si ellos están de acuerdo en que el mundo necesita el compartir, en que el mundo necesita justicia si queremos tener paz. Eso es lo que importa.

Si el Sr. Bush y el Sr. Blair supieran que esa verdad está detrás de los acontecimientos del tiempo venidero, cambiaría toda la situación mundial. Desafortunadamente no lo saben. Ellos sólo creen en la guerra, al menos Bush sólo cree en la guerra –guerra como una guerra contra el terrorismo. Se está haciendo muy popular, 'la guerra contra el terrorismo', y la guerra en Irak, por supuesto, se considera como una guerra contra el terrorismo, que no lo es. Eso es una mentira. Estas mentiras están saliendo a la luz con mucha rapidez, una detrás de la otra, y las personas de este país y del mundo en general, si no conocían las mentiras antes, ciertamente las conocen ahora.

El tiempo de estos hombres pequeños está llegando a su fin, estos hombres de poca conciencia, incluso sin el respeto hacia su propio pueblo para reconocer que se han equivocado, que cometen errores y para disculparse. Si hicieran eso, habría una transformación de su posición en cada país, y quizás tendrían más en cuenta la opinión de sus pueblos. Pero no pueden. Son demasiado arrogantes para eso.

"Un nuevo mundo se está creando y requiere la colaboración de todos: todos tienen un papel que desempeñar." *('La Voz de Maitreya')*

La Entrada de Maitreya

"Cuando, como ahora, el hombre se encuentra en una encrucijada, esperando orientación sobre qué dirección tomar, realiza una llamada invocatoria de ayuda. Inevitablemente, cuando esa llamada alcanza un cierto tono, Nosotros, vuestros Hermanos Mayores, respondemos y contestamos. Así sucede actualmente mientras los hombres forcejean frenéticamente en el caos de su propia fabricación, temerosos de dar los únicos pasos que les salvarían de más caos. En este torbellino Maitreya está a punto de entrar, totalmente consciente de la labor que aguarda.

"Sólo un Ser de Su inmensurable sabiduría podría aceptar tal carga. Sólo alguien de Su incomparable coraje podría acometer tal labor.

"Desde las anárquicas condiciones del presente Él debe construir el nuevo y mejor mundo. Desde la agonía de millones de personas Él debe modelar un nuevo mundo.

"¿Quién está allí para ayudarle en Su trabajo de salvación?

"¿Quién se unirá a Su causa y ayudará a sus hermanos y hermanas?

"Ahora, como nunca antes, existe la oportunidad de servir a un mundo en gestación, un nuevo mundo esperando nacer." *(El Maestro —, de 'La entrada de Maitreya',* **SI***, Diciembre 2001)*

Ésta es la oportunidad de todos para servir al mundo como nunca en su historia porque los problemas actuales, y el cambio desde este mundo problemático hasta un nuevo mundo, la Nueva Era, nunca se repetirán. Habrá nuevas eras, pero éste es un punto crítico en la historia de la humanidad y del mundo. Así que nosotros, aquellos de nosotros que hemos mostrado nuestra preocupación de diversas formas, deberíamos recordar que el tiempo es corto para sacar todo lo que tengamos, cada gramo de fortaleza, concentración y entusiasmo para la labor de hablar al mundo, de hacer saber el hecho de la presencia de Maitreya, la presencia de ciertos Maestros, la eventual exteriorización del trabajo de una gran parte de los Maestros.

"El Gran Señor busca investir cada vida individual con santidad y valía." *('La entrada de Maitreya')*

Una de las tragedias de la actualidad es que literalmente millones y millones de personas no tienen sentido de su propia valía. No cuentan, y ellos saben que no cuentan. Ellos saben que sus vidas son insignificantes y poco mejores que las de los animales. No se permite que crezca su conciencia. Su conciencia despierta es limitada. Viven para trabajar, si son lo suficientemente afortunados para tener un trabajo, un trabajo que normalmente es mecánico y duro y sencillamente trabajo muscular por una miseria, para apenas lo suficiente para proporcionar alimentos a sus familias. Esa es la realidad para incontables millones de personas en el mundo. Recordad que China tiene 1.000 millones de personas, que India tiene casi lo mismo, quizás entre 850 a 900 millones, y Sudamérica, África y otras partes de mundo tienen millones de personas que viven vidas raquíticas y desagradables. Ellas no cuentan. No tienen ninguna posición en la sociedad. No tienen voz en sus propias vidas o futuro. Son tan solo peones, apenas existiendo como seres humanos, explotados y pobres en todos los sentidos de la palabra. Pobres en experiencia, pobres en un sentido material.

Maitreya "busca investir cada vida individual con santidad y valía." Para llevar a cada persona hasta la experiencia de que él o ella es un alma en encarnación, de que ellos cuentan, de que cada alma cuenta, de que no existe un alma separada de cualquier otra alma. De que todos, cualquiera que sea su condición actual, debería tener, y tendrá, un igual derecho a educación, alimento, cobijo, asistencia sanitaria, y a la realización de todo su potencial como almas vivientes.

Cuando eso suceda, cuando las personas tengan un sentido de ellas mismas como almas y de su propia valía, que cuentan, su autoestima podrá crecer y convertirse en un fuerza en sus vidas, y el mundo se transformará. Si se piensas en los atributos de talento, de recursos, de millones y millones de vidas que actualmente están desnutridas, infravaloradas y condenadas a la existencia más baja posible, puedes imaginarte, entonces, la transformación que tendrá lugar en esta Tierra.

Esto es probablemente lo más importante que Maitreya viene a hacer. Dotar a millones y millones de personas con un sentido de su propia valía, su autoestima y el hecho de que cuentan, de que todos en la Tierra están aquí por un propósito. Ese propósito viene con el hecho de que son un alma, de que es por el propósito del alma que están aquí, y de que todos están embarcados en un viaje, una aventura, abierta a todos nosotros, pero que es denegada actualmente a la gran mayoría de personas como una experiencia consciente.

Nosotros, personas de clase media, vivimos bien, disfrutamos de una experiencia culta y enriquecedora de nuestras vidas, tenemos poco sentido de la privación, la falta de conciencia despierta y esperanza que condena a millones de personas a una pobreza interminable y una muerte indigna. Maitreya es la única persona del mundo que puede conferir en estos millones de personas el sentido de la propia valía, la autoestima sin la cual nadie puede crear algo que merezca la pena. Podéis imaginar el cambio que tendrá lugar cuando estos millones de personas estén contribuyendo a la abundancia y a la felicidad, a la cultura y a la riqueza de ideas que están a punto de cambiar el mundo.

"Él busca librar al mundo de la violencia y la guerra. ¿Dónde Él encontrará a Sus ayudantes? ¿Quién está dispuesto a responder? ¿Quién tiene el coraje de ayudar al Señor del Amor? Él ya conoce a aquellos en los cuales puede confiar." *('La entrada de Maitreya')*

Maitreya conoce probablemente cualquier cosa de algo de importancia en el mundo y, por supuesto, Él tiene que conocer a aquellos en los cuales Él pueda confiar. Él tiene que conocer a aquellos que ya en sus vidas han dado señales de su preparación para trabajar con Él por la restauración del mundo.

Sentados aquí como reyes, en nuestro confort, bien alimentados, es muy difícil para nosotros percibir el cambio que florecerá en la mayoría de personas en el mundo. Hay 6.500 millones de personas en encarnación y nosotros en Occidente apenas somos un tercio de ellas, quizás 2.000 millones. Millones de personas, dos tercios de la población están obligadas en mayor o menor grado a hacer lo que nosotros damos por sentado. Eso es algo que tenemos que mantener en un sitio privilegiado en nuestras mentes. Porque si no lo hacemos, siempre trabajamos (tanto si lo creemos como si no, lo reconozcamos como si no) desde la complacencia que se encuentra en la raíz de todo el problema.

Las personas dicen que el dinero es la raíz de todo mal. Maitreya dice, no, nada de eso. El dinero es sólo una energía. Puede utilizarse para bien o puede utilizarse para mal.

El verdadero mal, la causa fundamental de todos los problemas del mundo, el hecho de que dos tercios del mundo vivan en la pobreza absoluta, o con menos de un dólar al día, mientras que otras personas no tienen ni incluso eso, y están muriendo a millones –la raíz de todo eso es nuestra complacencia. Si no fuéramos complacientes no podríamos soportar vivir en un mundo en el cual estos sucesos estuvieran teniendo lugar, esta personas estuvieran muriendo en media de la abundancia. No permitiríamos que esto sucediera si no fuéramos complacientes. Esto es algo que necesitamos recordar y necesitamos trasmitir, hacerlo una parte fundamental de cualquier charla o conferencia que impartamos, porque es la raíz de todos los problemas en el mundo.

Es una señal de nuestro separatismo. La complacencia es el resultado de la separación –el sentido de que estamos separados y de que con la competencia nos volvemos superiores– y de que esa superioridad nos permite vivir más o menos 'bien'. Pero no podemos vivir 'bien' cuando dos tercios del mundo están viviendo y muriendo en la pobreza absoluta. No es posible hacer esto con impunidad, y no lo hacemos. Es resultado

es el crimen. El resultado son catástrofes de un tipo u otro –gobiernos
que crean guerras por petróleo, por ejemplo. Esa es una catástrofe, y
sólo es posible porque somos complacientes, porque no reconocemos
las necesidades de millones de personas que no pueden dar por sentado
lo que nosotros damos por sentado: alimentos de forma habitual, ocio,
educación y asistencia sanitaria.

Ésta es la base real para trabajar con el Cristo. Si algo es importante, eso
es importante. Sólo aquellos que pueden sufrir con aquellos que sufren
pueden experimentar, verdaderamente, el poder y el amor del Cristo. Y
Él ya conoce a aquellos que pueden responder. Son aquellos que son
altruistas, que son lo opuesto de complacientes, que son conscientes y
están comprometidos en la vida en todo el sentido de la palabra. No sólo
su propia vida pequeña, sino la vida del mundo. No sólo con su familia
y amigos, sino con el mundo de 6.500 millones de personas, dos tercios
de las cuales viven en la pobreza absoluta. Éstas son las personas a las
que Maitreya puede recurrir, que reconocen esto y arden en deseos de
cambiarlo.

"Su mantram es: ¡No temáis! Todo, a su tiempo, será renovado. Todo, a
su tiempo, retornará a la Luz." *('La entrada de Maitreya')*

"Su mantram es: ¡No temáis!" ¡Qué mantram! Nada inhibe tanto a la
humanidad como el temor. El temor parece algo intrínseco a la condición
humana y sin embargo desde el punto de vista de los Maestros no debería
serlo. Las personas están literalmente llenas de temor. El temor se inculca
en cada niño desde la temprana edad y ese condicionamiento alimenta
los temores que rodean casi a todo individuo en la vida. No conozco la
proporción de aquello que temen y aquellos que no lo hacen, pero el
número de personas que no conocen el temor es realmente pequeño. Sin
embargo el mantram de Maitreya es ¡no temáis!

Si temes te haces inútil, te estás inhibiendo a ti mismo que temes actuar.
Si temes actuar porque temes al cambio, temerás a lo que pueda ocurrir
si actúas. Ese es el estado de la humanidad actualmente. Sabemos que
las guerras pueden acabarse. Sabemos eso, pero permitimos que tengan
lugar porque tememos.

Estoy absolutamente asombrado de que Naciones Unidas haya permitido
a Bush atacar Irak y Afganistán. No puedo imaginar cómo Blair pudo
alinearse con eso. Blair es un hombre inteligente, un abogado, un primer
ministro que tenía muchos seguidores que ha perdido por una ambición

de ser el príncipe del mundo. Si Bush es el rey del mundo, el rey del castillo, Blair es el príncipe. Si Bush es el jefe, el rey, el líder del país más grande, fuerte, rico y más influyente del mundo, entonces si él, Blair, se une a eso y se considera que tiene una relación especial con Bush y Norteamérica, entonces él es el príncipe, el siguiente en la línea sucesoria. Tal es el espejismo, la ilusión.

"En vuestro mundo infeliz entra ahora Maitreya. Él conoce vuestra agonía y sufrimiento mejor incluso que vosotros mismos, porque Él conoce, también, la alegría que es vuestro derecho de nacimiento." *('La Entrada de Maitreya')*

Esa es la tragedia. Maitreya y los Maestros ven la alegría que es el derecho de nacimiento de toda la humanidad, que no hay necesidad del dolor y sufrimiento que en gran medida nos lo ocasionamos nosotros mismos. Si no es por karma, entonces es por los gobiernos incorrectos que escogemos si somos democráticos, o de las acciones incorrectas de los tiranos y hombres impíos que usurpan el poder del pueblo.

Esto deja a la humanidad en un estado terrible: soñando con la paz, soñando en lo que se pudiera hacer el siguiente año a la casa, a los campos, cómo podríamos sembrar esto, y cómo podríamos hacer aquello. Si sólo tuviéramos un poco de dinero, podríamos transformar este pequeño trozo de tierra, y quizás podríamos tener otro niño y quizás la vida sería mejor, quizás podría serlo.

Existen millones, literalmente millones, de hombres y mujeres en todo el mundo que piensan así, que sólo necesitan un poco más de dinero para hacer algo minúsculo, una pequeña mejora al destartalado establo de una casa, o para agrandar su minifundio para cultivar un poco más, y así quizás poder vender algo de ello y ganar un poco más de dinero y aumentar esta minúscula y pequeña parcela, este pequeño minifundio que millones de personas poseen pero que es demasiado pequeño para alimentar a sus familias.

La alegría, que es nuestro derecho de nacimiento, está en la mente de Maitreya todo el tiempo. Si pudierais ver dentro del corazón de Maitreya, podríais ver el dolor, el sufrimiento, la terrible agonía de incontables millones de personas, sus llantos, sus anhelos, algunas veces por la muerte, por una vida mejor, por más amor, más aptitudes, educación, más conocimiento de cómo alimentar a sus familias. Millones de personas están en esa posición, y día a día están llenos de angustia y sufrimiento que nosotros con nuestros pequeños problemas rara vez conocemos. Estos son sufrimientos continuados que la mayoría de personas en Occidente nunca experimentan. No obstante son la experiencia común de dos tercios de la población mundial. Eso es lo que Maitreya ve. Esa es la conciencia despierta consciente, momento a momento, de Maitreya. Si pudierais ver dentro de Su vida, podríais ver eso en Su corazón. Lo lleva con Él.

Al mismo tiempo Él lleva consigo Su sentido de alegría, Su alegría como un Maestro, como un Ser Divino cuya naturaleza es alegría, y estas dos cosas forman parte simultáneamente de Su experiencia. Él sabe que el dolor, la agonía de la mayoría de personas en el mundo podría cambiarse muy fácilmente con tan sólo un poco más: un poco más de alimento, un poco más de dinero, un poco más de material de construcción o aquello que necesitan.

"Esa alegría Él la restaurará a vosotros de forma total y perfecta. Por ello Él se encuentra entre vosotros." *('La entrada de Maitreya')*

Él viene a mostrarnos cómo ser nosotros mismos como almas, y la naturaleza del alma es alegría, interminable, ilimitada alegría. Lo que se encuentra en medio de la manifestación y la experiencia de la alegría es nuestro temor, nuestro temor a la vida, nuestro temor a la muerte, nuestro temor de todo aquello que podría cambiar lo que conocemos. El temor al cambio llena a la humanidad, y al mismo tiempo todos tenemos un anhelo por el cambio, para mejor. ¿Pero cómo podemos saber que el cambio es para mejor? Ese es el fastidio. No al cambio porque sí. Queremos el cambio que es para mejor, y las personas rehuyen al cambio si no saben que es para mejor. La labor de Maitreya es mostrar a la humanidad que el cambio que están anhelando es para mejor. Ese cambio transformará las vidas de la inmensa mayoría de personas del mundo.

Existen, por supuesto, muchas personas muy ricas y poderosas que no se beneficiarán –de ese modo– de la experiencia de Maitreya, que consideran que la venida de Maitreya es una señal de advertencia para ellas, que lucharán acerbamente para mantener la manifestación de Maitreya fuera del conocimiento común, y fuera de la vida que ellos conocen. Está sucediendo ahora. Ha estado sucediendo durante años.

No es por nada que ha llevado 30 años a esta información divulgarse de forma suficientemente amplia para que actualmente 30 millones de personas hayan oído la historia de la Reaparición del Cristo. De los 30 millones de personas, unos 20 millones tienen una expectación abierta de que podría ser cierto, lo esperan con ilusión, les gustaría que fuese cierto. No pueden llegar a decir que es cierto porque no tienen esa convicción, pero tienen un sentido abierto de que sería maravilloso si lo fuese. Aquellos que realmente lo creen y trabajan para ello, para quienes es una realidad, son unos 2 millones de personas. Son mucha gente, pero comparado con la población del mundo son muy pocas, realmente, pero suficientes.

Maitreya dijo hace mucho en los libros de Agni Yoga: "Hubo un tiempo en el cual 10 hombres justos podían salvar el mundo. Luego vino un tiempo en el cual 10.000 no eran suficientes. Yo reuniré a 1.000 millones". Hace cinco o seis años pregunté a mi Maestro: "¿Cuenta ya Maitreya con Sus 1.000 millones de personas?" Él dijo: "1.500 millones." Él ya cuenta ahora con más de 1.500 millones de personas listas para responder a Su llamada de compartir y justicia en el mundo. No tienen que ser todas las personas sino una proporción de personas que crean la misma convicción en cientos y luego miles y luego millones de otras personas, esa masa crítica pertinente que la cifra de 1.500 millones de personas excede.

"Llevadle a vuestros corazones y permitidle que os sirva. Conocedle como un amigo y Hermano de Antaño. Dejadle que os guíe y enseñe; así creceréis en vuestra divinidad.

"El momento ha llegado en el que veréis Su rostro. Su sonrisa de amor os atraerá a Su lado. Encontraréis vuestro amor magnificado miles de veces y, entregado al servicio de Su Causa, entraréis en el Plan del cual formáis parte." (*'La entrada de Maitreya'*)

Todos en esta sala se han reencarnado en este momento para servir al Plan de una forma u otra, mayoritariamente en el sentido inmediato de preparar el camino para Maitreya. Éste es un hecho conocido para la mayoría de vosotros, pero quizás no para todos vosotros.

El Gran Señor Emerge

¿Cuál será el resultado de la venida de Maitreya al mundo? Algo interesante para especular. Pero uno de los resultados será:

"Los pasaportes se convertirán en algo del pasado. En la época venidera, la gente será libre para entrar y salir de cualquier país a voluntad. Tan grande será la confianza engendrada por la presencia de Maitreya que todas las puertas estarán abiertas, y un intercambio grande y enriquecedor entre los pueblos tendrá lugar. Así, los hombres aprenderán a conocer y amar a sus hermanos, viéndoles poco diferentes de ellos mismos." *(El Maestro —, de 'El Gran Señor emerge',* **SI***, Junio 1988)*

¿No es eso extraordinario? No se os someterá a cacheos. No tendréis que descalzaros. No tendréis que pasar por el ritual parecido a la guillotina, con los rayos X. Sencillamente pasáis, mostráis vuestro billete, si se necesitara un billete.

"En semanas (esto se escribió hace algún tiempo), la misión abierta de Maitreya comenzará, atrayendo hacia Él a aquellos que se preocupan y desean servir al mundo de todo corazón. Aquellos alrededor y cercanos a Él prepararán el terreno, esbozando Sus preceptos y enseñanza. Cuando una cierta saturación se haya logrado, Él mismo entrará en el escenario del mundo.

"Ya, las políticas de las naciones están siendo remodeladas por Su influencia. Ya, muchos en puestos elevados saben de Su presencia y esperan Su Anuncio. Así trabaja Él en silencio, afectando, bajo la ley kármica, el futuro de la raza.

"Ese futuro contiene para el hombre una increíble promesa. A partir del Día de la Declaración comenzará un proceso que transformará este mundo, y llevará a los hombres a los niveles más altos de logro.

"En ese día, los hombres y mujeres en todas partes experimentarán la naturaleza amorosa de Dios y la conocerán como propia. A través de sus corazones fluirá el Rayo de Maitreya, evocando en ellos una comprensión enteramente nueva. El compartir y la Justicia serán Su llamada y, orientados e inspirados de esta manera, los hombres responderán adecuadamente, rehaciendo el mundo bajo Su sabio consejo.

"No sin motivo, Él ha esperado hasta ahora para hacer Su aparición. Solamente ahora los hombres están dando los pasos para poner su casa en orden. Sólo así puede Él presentarse y guiar.

"En el Día de la Declaración, Él delineará el futuro para el hombre, mostrando las alternativas que hoy se presentan a la raza. La elección del hombre, Él mostrará, sólo puede ser el compartir, ya que ninguna otra puede sustentar al planeta más tiempo." *('El Gran Señor emerge')*

Nosotros, el mundo desarrollado, eso es, un tercio de la población mundial, malgastamos y despojamos el planeta de recursos y estamos haciendo que el mundo sea insostenible. El mundo no puede sostener mucho más tiempo los métodos de explotación actuales del mundo Occidental, con los resultados más terribles, la contaminación que cubre el mundo, el aire, la tierra, los ríos, incluso los océanos. Destruimos enormes zonas de lo que una vez fueron bosques que suministran, o suministraron, el oxígeno que necesitamos para vivir. Estamos haciendo inhabitable este planeta. Incluso si compartir los recursos del mundo no fuese un problema, sería, inevitablemente, imposible para el mundo continuar mucho más con el actual abuso de los recursos. Tenemos que compartir para que todos puedan vivir, pero tenemos que aprender a vivir de forma más simple para que todos *podamos* vivir. Tenemos que simplificar nuestros estilos de vida y exigir menos y más inteligentemente al planeta. El equilibrio ecológico del mundo será una de las principales preocupaciones de Maitreya, y Él desde el nivel más elevado mostrará el abuso del planeta Tierra y los resultados inevitables de continuar como estamos ahora. La necesidad de acción en ese sentido será obvio para los científicos y a través de ellos para los gobiernos del mundo. Hasta cierto punto, por supuesto, esto ya está sucediendo, pero no lo suficiente.

"Los hombres deberían saber que todos son necesarios para superar los males del pasado. La división y la separación tiene raíces antiguas y no renunciarán fácilmente a su influencia. Cada uno, por tanto, debería ver como su labor ayudar al Cristo en Su trabajo de transformación, dando lo mejor de sí para reconstruir el mundo.

"Pronto el mundo sabrá del Esplendor en él. Pronto los hombres llorarán de alegría con Su aparición.

"Pronto, también, ellos tomarán sobre sí mismos la labor de socorro, restableciendo la verdadera unidad de los hombres. Así será. Así los hombres conocerán, por fin, esa Fraternidad que por tanto tiempo han querido pero hasta ahora han sido incapaces de encontrar." *('El Gran Señor emerge')*

Acciones de Norteamérica e Israel

Podríais pensar que no estamos avanzando, de hecho que estamos retrocediendo. Cada vez que tiene lugar una calamidad como el 11/9 o el ataque contra Irak o algo similar, sentimos que estamos retrocediendo. Las personas me escriben y preguntan: "¿Afectará esto la aparición de Maitreya? ¿Ha retrasado Su venida?" De hecho la respuesta es siempre, no. Estos acontecimientos no es que sean nada, y tienen su impacto en la humanidad. El 11/9 ha tenido un impacto en Norteamérica como ningún otro acontecimiento en el que pueda pensar en su historia reciente. Esto es bastante extraordinario porque el 11/9 fue un ataque contra un edificio en una ciudad y otro edificio en otra ciudad, por tanto dos edificios, las Torres Gemelas y el Pentágono en Nueva York y Washington, y un ataque propuesto pero frustrado contra la Casa Blanca de forma casi simultánea, en una mañana. Más de 3.000 personas perdieron la vida, que supone una cifra enorme –pero no lo es cuando se compara con la pérdida de vidas en todos los anteriores ataques terroristas contra Norteamérica en el extranjero, en Gran Bretaña por parte del IRA, por ETA en España durante años. No comparable con ataques terroristas continuados, mes tras mes durante años. Ataques constantes, a los cuales uno se puede llegar a acostumbrar si no son completamente destructivos, si no destruyen alguna parte vital de la vida cotidiana de las personas involucradas.

Pero el 11/9 parecería que ha tenido un extraordinario impacto psicológico en el pueblo norteamericano, y esto ha sido aprovechado, magnificado fuera de toda proporción, por la actual administración. Así no se os ha permitido incluso olvidarlo, al igual que los israelíes hacen del Holocausto algo que la humanidad bajo ningún concepto puede nunca olvidar. Ellos lo han erigido como un gran símbolo de su enorme dolor y sufrimiento, permitiéndoles cualquier exceso en relación con los palestinos. El pueblo de Israel sostiene el Holocausto –que fue un acontecimiento increíblemente terrible– ante el mundo como una demostración de lo que les ha sucedido a ellos. El pueblo judío en todas partes –correctamente debido a lo sucedido a muchos millones de judíos antes de la creación de Israel– ha vivido diariamente para conmemorar ese suceso donde 6 millones de judíos murieron en los campos de la muerte de Alemania. Pero también lo hicieron millones de otras personas: gitanos, polacos, húngaros, rumanos y rusos murieron de igual manera, en los mismos lugares. No oímos estos lamentos de los rusos o los polacos o lo gitanos, del pueblo rumano o cualquier país de la Europa del Este.

No estoy intentando mitigar la importancia o el horror de los campos de la muerte, pero la humanidad no puede continuar siempre manteniéndolos como una ilustración de cuán horrible puede la humanidad ser consigo misma. Eso, pienso, es un profundo error por parte del pueblo judío y el gobierno israelí en particular, para que así el mundo nunca pueda ver su experiencia salvo a través de los ojos de su propia autocompasión. Les impide ver la realidad de su propia intolerancia e intransigencia en relación al pueblo de Palestina. De todos los pueblos del mundo que han sufrido, sufrido durante siglos, el pueblo judío probablemente estaría primero. Pero en Palestina no parece contar para nada. El Holocausto es utilizado por Israel, incluso inconscientemente, para justificar la opresión de los palestinos de una forma que es despiadada y supone un profundo peligro para el mundo en su conjunto.

Los norteamericanos se preguntan la razón de que la gente les odie. Bueno, después del 11/9 la gente amaba a Norteamérica. Después del 11/9 el mundo estaba lleno de compasión y buenos sentimientos por el pueblo norteamericano dado que habían perdido a 3.000 personas. No todas eran norteamericanas, por supuesto, pero casi 3.000 personas fallecieron de golpe en las Torres Gemelas, pero el gobierno manipuló la situación y creó 'una guerra contra el terrorismo' como resultado. Nunca puede haber una guerra contra el terrorismo, que es mundial, ni un estado o país. Es una fantasía, pero le otorga a este gobierno el derecho de librar una guerra contra cualquier país que ellos piensen esté ayudando o incitando la actividad terrorista.

Ellos están ayudando e incitando la actividad terrorista por sí mismos. Ellos apoyan a Israel con un monto de 3.000 millones de dólares anuales sólo para armamento, así que el ejército israelí es el más poderoso de la zona, y uno de los más poderosos de todo el mundo. Posee la bomba nuclear. Nadie piensa que no debería tener una bomba nuclear. ¿Por qué no se permitió a Irak tener una bomba nuclear? ¿Por qué Irak no debería tener armas de destrucción masiva si se permite a Israel tener armas de destrucción masiva? Una de las razones dadas por la actual administración norteamericana para atacar Irak fue que tenía 19 resoluciones en su contra en Naciones Unidas que no habían sido cumplidas. Israel tiene 63 resoluciones contra ella que no han sido cumplidas. ¿Por qué? Porque Norteamérica tiene un veto en el Consejo de Seguridad y no permitiría que las resoluciones fuesen aprobadas.

Ese es el tipo de gobierno, me temo, que está en el poder en Norteamérica. Es un poder que ayuda e incita a la opresión de los palestinos mientras al mismo tiempo pretende, yendo a través de los gestos de ayuda, crear un estado de Palestina dentro del estado israelí.

La mejor propuesta que se ha ofrecido a los palestinos para una solución a su problema y la creación de un estado palestino fue presentada en los acuerdos de Camp David y fue rechazada por Arafat –correctamente, porque era irracional e injusta y no hubiera perdurado por la misma razón. Nada que es básicamente irracional e injusto puede perdurar, porque el pueblo inevitablemente se revelará contra ello. Maitreya aconsejó a Arafat que no firmara el acuerdo. Esa es una de las razones –existen muchas– por las que Sharon odia, aborrece, a Arafat, y la razón de que los norteamericanos hayan intentado mantener al margen a Arafat y colocar a un primer ministro en su lugar. [Hablando en 2004]

No es posible para los palestinos firmar un acuerdo que les otorga alrededor del 40 por ciento de su patria. Cisjordania perteneció, hasta el ataque preventivo de Israel en 1967, al Rey de Jordania. Maitreya pidió al Rey Hussein de Jordania (en la Conferencia que Maitreya celebró en abril de 1990 en Londres) si podía renunciar a la soberanía sobre Cisjordania para que se convierta en la patria del pueblo palestino. El buen Rey de Jordania, ahora fallecido, estuvo de acuerdo con la propuesta, y así Cisjordania se convirtió en la posible patria, junto a la Franja de Gaza, de los palestinos.

Desde entonces se ha ido reduciendo por la construcción de asentamientos por parte de los israelíes sobre gran parte de Cisjordania. Constituyen enormes conglomerados de edificios con murallas y un pequeño ejército a su alrededor para mantenerlos seguros, y se han construido carreteras por toda Cisjordania para conectarlos. Esto divide Cisjordania, hasta el punto de que lo que se ofreció al pueblo palestino es cerca de un 40 por ciento de la tierra original. Esa es la realidad, y esa es la razón por la que Maitreya aconsejó a Arafat que no firmara el acuerdo. Esa fue la mejor propuesta que hubo. La construcción de asentamientos ha continuado y continuado. Han diezmado completamente a Cisjordania, aislando a los palestinos de sus tierras, sus huertos, imposibilitándoles ganarse un sustento. Ahora están construyendo el muro. Eso se realiza con frialdad, profesionalmente, en respuesta a lo que ellos denominan terrorismo del pueblo palestino que utilizan los únicos métodos que tienen para conseguir algún remedio, o una apariencia de la libertad que Israel quiere para sí misma.

Los primeros israelíes enseñaron a los palestinos sobre terrorismo. Israel se formó a través del terrorismo. Había un número de bandas, como la banda Stern y el Irgun Zeva'i Le'umi. Ellos lucharon como terroristas contra los británicos y los palestinos, y 'ganaron' la zona que ahora conocemos como Israel. Ellos lucharon y combatieron por esa tierra al igual que el pueblo palestino está luchando para mantener ese pequeño trozo de tierra que pueden denominar patria. Es tan injusto, y tiene el peso del gobierno norteamericano y la fortaleza del dólar y ejército norteamericanos detrás suyo. Nunca habrá paz en el mundo mientras esa situación se mantenga. Si no hay paz en Palestina, no habrá paz en el mundo en su conjunto.

La guerra contra Irak forma parte de una guerra más amplia en Oriente Medio entre dos fuerzas opuestas, las fuerzas de la luz y las fuerzas de la oscuridad, o del mal. Las fuerzas del mal se han reproducido a sí mismas desde los Poderes del Eje en la guerra de 1939 a 1945. Existen tres puntos así de profundo mal en la situación actual. Uno está en este país, Norteamérica, centrado en el Pentágono; otro está en Israel; y uno está en Europa del Este. Estos tres puntos conforman un triángulo que potencia toda la energía que es enviada a través de ellos.

Ésta es la misma energía –aunque afortunadamente a un potencia menor– que impulsó a Hitler, Mussolini y los grupos alrededor suyos, y a los belicistas en Japón, de 1939 hasta 1945. Es la energía de las fuerzas del mal en este planeta. No es menos que eso. Los Maestros han dicho que requerirá toda la fuerza y conciencia despierta de la humanidad, más la de la Jerarquía misma, para contenerla. Será contenida, pero mientras tanto Israel provoca daño, un peligro terrible, en Oriente Medio, y Norteamérica está realizando el mismo daño en Irak y Afganistán, y está preparada para hacer lo mismo dondequiera que surja la 'necesidad'.

Uno de los suceso ocultos de gran importancia para nosotros a tener en cuenta es que un gran número de fuerzas alemanas –ejército, tropas de la SS, unos pocos comandantes, tenientes generales– se han reencarnado en Israel, y muchos de ellos están detrás de los acontecimientos que están teniendo lugar actualmente en Palestina. Sharon es un viejo terrorista de los primeros días de Israel, y existe un número como él, de su edad, que fueron terroristas entonces. Ellos lucharon y aterrorizaron para crear el estado de Israel. Ahora ellos acusan a los palestinos de terrorismo, que aprendieron de los israelíes. Los palestinos no tienen otra cosa, ningún otro medio, porque no tienen permitido por los israelíes tener un ejército, ni armas aparte de sus pistolas de fabricación casera, y lo que pueden entrar de contrabando desde Egipto. Es una situación muy injusta y apoyada totalmente por la actual administración de EEUU.

El momento de ellos llegará. Éste es el tiempo final de aquellos que tratan del final de los tiempos.

La Acogida de Maitreya

"Mientras el acercamiento de Maitreya se aproxima cada vez más, consideremos con más detenimiento las probables reacciones a Su presencia. En primer lugar, aquellos que han trabajado para hacer conocer esa presencia podrían sorprenderse al descubrir que las reacciones de muchos son más apagadas de lo que imaginaban." *(El Maestro —, de 'La acogida de Maitreya,* **SI***, Octubre 2001)*

Esas son las personas como vosotros en todo el mundo, aquellas que se han dedicado durante años y años a dar a conocer Su presencia, que podrían sorprenderse al descubrir que las reacciones de muchas personas es más apagada de lo que imaginaban.

"Inicialmente, esto bien podría ser así. Al comenzar Su misión abierta, el Gran Señor debe andar cuidadosamente, para no ahuyentar a aquellos que Él busca ayudar." *('La acogida de Maitreya')*

Si Maitreya apareciera y comenzara a hablar como lo hago yo, nadie escucharía. Sería demasiado desconcertante, nadie le reconocería como el Cristo o Maitreya o alguna gran figura para nada, sino sólo un hombre que padece de una 'obsesión'.

"Por tanto, debería esperarse una nota silenciosa, pero sincera. Con el tiempo, una mayor urgencia y fuerza de afirmación será apropiada." *('La acogida de Maitreya')*

Yo puedo decir lo que quiero, pero Maitreya estará hablando no a audiencias invitadas, sino en televisión, por la radio, etcétera. Así que es importante que Él no haga que las personas le den la espalda.

"Con el tiempo, una mayor urgencia y fuerza de afirmación será apropiada, e incisiva, realmente, será Su llamada a los hombres. Esperad, por tanto, un creciente énfasis, una severa advertencia, de los labios de Maitreya." *('La acogida de Maitreya')*

"¡Hablad de las mentiras!" Él decía, vociferando: "¡Hablad de las mentiras! ¡Mostrad las mentiras! ¡Mostrad las mentiras!" Dos personas del grupo de EEUU estaban recientemente impartiendo una charla y Maitreya y el Maestro Jesús estaban sentados allí (disfrazados), aunque ellos no los sabían en ese momento. Los colaboradores estaban respondiendo a preguntas, y uno de ellos estaba diciendo: "Ellos son..." (vacilabas, no queriendo utilizar la palabra) y Maitreya o el Maestro Jesús dijo: "¡Vamos, dilo! ¡Di la palabra!" Todavía vacilaba. "¡Dilo!" Ellos le animaban, "¡Fascistas, fascistas!" Maitreya hablará directamente, pero no al principio. Una nota silenciosa, pero sincera, y luego una mayor urgencia, más vívida.

"Al transcurrir el tiempo, Sus pensamientos encontrarán respuesta de diferente tipo. Aquellos más tradicionalistas encontrarán muchas de Sus ideas difíciles de aceptar, y las denunciarán en términos estridentes. Otros, menos conservadores, las considerarán y alabarán, y de este grupo Él encontrará a muchos que gustosamente apoyarán Su causa. En número creciente, ellos se sentirán atraídos hacia Él y prestarán sus voces a Su consejo.

"Procediendo así, la enseñanza de Maitreya extraerá de los hombres sus más elevadas aspiraciones, despertándoles a los problemas y riesgos del momento; y también a los sencillos medios de conquistar para siempre los problemas y peligros actuales. Así será. Así los hombres recibirán la visión y liderazgo que anhelan, y así ellos pedirán los cambios tan profundamente necesarios para el entramado de las vidas de los hombres.

"Por supuesto, cabe esperar que muchos se opondrán a la enseñanza del Gran Señor. Los grupos religiosos, profundamente fijados en sus propias doctrinas y expectativas, negarán enérgicamente la presencia e ideas de Maitreya, y muchas acusaciones desagradables serán dirigidas contra Él." *('La acogida de Maitreya')*

Me llamaron "la bestia" la otra noche en una llamada telefónica durante un programa de radio. "Puedo oír el aliento de la bestia detrás tuyo, George". George Noory era el entrevistador y dijo: "Usted no se parece a una bestia".

"No obstante, muchos serán inspirados y renovados en su creencia, y darán lo mejor de sí para la Causa de Maitreya.

"El conglomerado comercial, con tantos intereses creados en las actuales estructuras que se desmoronan, reaccionarán de una de dos maneras: aquellos que ven a Maitreya como el enemigo de todo lo que ellos defienden se opondrán y obstaculizarán Su consejo en un esfuerzo extremo. Aquellos que le ven como la voz del futuro, como el único sendero posible para los hombres, darán la bienvenida y apoyarán Sus ideas, y brindarán su conocimiento a Su creciente apoyo." *('La acogida de Maitreya')*

Eso será, probablemente, un tercio a Su favor y dos tercios en Su contra en el mundo comercial, así que son muchas personas.

"Así actuarán los bandos y escogerán su postura: a favor o en contra del futuro, el único camino abierto a los hombres.

"Las masas en todas partes seguirán a sus líderes. Gradualmente ellos comprenderán que Maitreya habla por ellos, sus necesidades, sus aspiraciones para una vida mejor y más segura para sus familias, un futuro que ellos tenuemente pueden sentir como derecho propio, esperando nacer. Entonces los pueblos del mundo elevarán sus voces en apoyo y elogio al Gran Señor, y apelarán a Sus enseñanzas para que los ilumine y ennoblezca, y que les conduzca de buen grado hacia ese futuro bendecido que llama." *('La acogida de Maitreya')*

Así será. Las personas escogerán su postura. La gran Espada de la División actuará y separará a aquellos que están preparados para el futuro, preparados para cambiar, preparados para hacer un mundo en el cual todas las personas puedan vivir vidas decentes, a un nivel más simple, pero un nivel que todos encontrarán más atractivo, más valioso. Y aquellos que ven un final a sus privilegios, su poder, su dinero, su facilidad de obtener más dinero y por tanto más poder. Ellos verán que éste no es el camino para ellos. Ellos se opondrán a Él, y existen aquellos que se oponen a Él actualmente.

Maitreya se apresura por emerger

"Muchas personas actualmente se asombrarían por la perspectiva que Nosotros, vuestros Hermanos Mayores, vemos para el hombre. A pesar de los riesgos y tensiones, crisis y alarmas, Nosotros sabemos que los hombres se elevarán encima de ellos y crearán el Nuevo Tiempo. Sabemos que el tiempo de prueba ha casi acabado, que el punto decisivo ha sido superado, y que el hombre se encuentra en el umbral de descubrimientos más allá de su imaginación.

"Nosotros vemos, en efecto, los problemas que afrontan los hombres. Conocemos la aprensión que destruye la alegría en muchos corazones humanos. Compartimos el dolor y la agonía de incontables millones de personas que viven y mueren en la desesperación.

"Nosotros sabemos que a pesar de los peligros y la injusticia, el espíritu de esperanza está siempre preparado para surgir e inspirar los actos más nobles, porque es lo divino en el hombre y es inextinguible.

"La oscuridad más profunda justo precede al amanecer" dice el viejo refrán, y así es actualmente para los hombres. En medio del caos y el temor, la perplejidad y el dolor, Nosotros vemos la resolución y el fin del conflicto, el brillo de la luz que despertará a los hombres a la promesa del futuro.

"Todo funciona bajo la Ley y un nuevo estado de equilibrio está siendo creado por Nosotros. A pesar de las apariencias, un nuevo ritmo se está imponiendo y llevará al equilibrio a este mundo discordante.

"Maitreya Mismo maneja esta poderosa Ley y trae su origen cósmico a los asuntos de los hombres. Así surgirá una nueva esperanza en los hombres y así realizarán los pasos para dar nueva forma a su futuro de acuerdo al Plan." *(El Maestro —, de 'Maitreya se apresura por emerger,* **SI***, Septiembre 2002)*

El Maestro está hablando, por supuesto, sobre el Espíritu de Paz o Equilibrio cuya energía es actualmente la más poderosa en todo el mundo. No la más poderosa *per se*, sino la más habitual en el mundo. Existe más de esa tremenda energía cósmica funcionando y actuando y cambiando acontecimentos en el mundo que cualquier otra de las tremendas energías que Maitreya libera.

El Espíritu de Paz o Equilibrio, como muchos de vosotros sabréis, trabaja con la Ley de Acción y Reacción que son opuestas e iguales. El efecto de esta energía es transformar el extendido odio, violencia y crisis, alarma y tensión, en su opuesto. Así que entraremos en una era de paz y tranquilidad, de calma mental y emocional, en exacta proporción a la existente violencia y odio, confusión y discordia.

A través del trabajo de la gran Ley de Acción y Reacción, ese poderoso Avatar que adumbra a Maitreya de una forma similar a la forma en que Él adumbró a Jesús en Palestina crea las condiciones del futuro. Deben todavía descender hasta el plano físico en gran potencia, pero están transformando el mundo incluso ahora. Esa es la razón de que los Maestros y Maitreya sean tan optimistas. Es un optimismo basado, por supuesto, en el conocimiento.

El Avatar

"...Millones están ahora preparados para recibir al Instructor." (El Maestro —, de 'El Avatar', SI, Octubre 1988)

Eso es interesante. "Sabiéndolo o no", dice el Maestro, millones de personas están ahora preparadas para recibir al Instructor. Treinta millones de personas han escuchado esta historia, 20 millones tienen una expectativa abierta de que podría ser verdad, y 2 millones de personas están convencidas de que esto es así.

"Todo ahora concurre para producir este bendito acontecimiento. Cósmicas y planetarias, las Fuerzas de la Regeneración recogen ahora la cosecha de Su siembra y crean la condición que permite a Maitreya aparecer. Forzado por la fuerza de la ley a retener, por un tiempo, Su abierta misión, sabe que la ley está siendo cumplida, las deudas se están pagando, las oportunidades se están tomando; y que ahora en pleno esplendor puede aparecer, y recibir el amor y servicio que, muchos reconocerán, están preparados para ofrecerle.

"Su Gracia ya abraza al mundo. Su Amor envuelve a las naciones, este y oeste, norte y sur. Nadie escapa a la flecha de Su Amor.

"A diario, Su rayo despierta a los hombres a su verdadero destino, y evoca de nuevo su esperanza y confianza.

"De todas partes los representantes de los pueblos se reúnen a Su lado, y Él les dota con una sabiduría enteramente nueva. Pronto, este grupo de hombres y mujeres iluminados presentarán su historia y experiencia, y probarán más allá de toda contradicción que el Cristo está entre nosotros. Millones entonces escucharán esta promesa y demandarán ver al Representante de Dios. Bajo muchos nombres Él entonces se presentará y así cumplirá con las esperanzas de cada creencia." *('El Avatar')*

Yo le llamo el Cristo porque Él encarna el Principio Crístico, pero por supuesto, los musulmanes le esperan como el Imán Mahdi, los judíos como el Mesías, los Hindúes como Krishna, los budistas como Maitreya Buddha (ellos tienen Su nombre correcto). Todos estos son nombres de uno y el mismo individuo, que será un problema adicional para la humanidad, un problema y una sorpresa y una fuente de alegría al final porque cuando le vean sabrán que es el Imán Mahdi, el Cristo o Maitreya

Buddha o Miroko Bosatsu, o cualquiera que sea el nombre del Ser que esperan. Será una experiencia tremenda para la humanidad.

Estos representantes del pueblo, personas con la cuales Maitreya ya ha entrenado en reuniones y les ha dotado con "una sabiduría completamente nueva", este grupo de hombres y mujeres iluminados presentarán su historia, ellos hablarán sobre Él, de que se han reunido con Él, de que le conocen y de que ellos pueden responder por Su origen desde cualquier punto de vista con que lo expresen. Esto tendrá un tremendo efecto en las masas de personas.

"Su llamada a la Justicia, la Paz y la Fraternidad se oirá entonces entre las naciones, declarando la preocupación de Dios por el bienestar de los hombres en todas partes. Su voz recordará a los pueblos su origen y destino, y les conducirá, en confianza, a los pies de Dios.

"Que Su labor está bien preparada podéis estar seguros. Sus discípulos, entrenados interiormente, se han comprometido hace mucho en este trabajo de preparación y conocen bien sus diversos papeles. Llamados a la acción, llevarán el trabajo de reconstrucción a cada rincón del mundo y reemplazarán miseria por alegría, separación por unión, odio y malicia por amor altruista. Así será. Así entrará el Nuevo Tiempo en su curso de esplendor, y así la humanidad realizará la promesa que Su presencia trae.

"Que no todos darán testimonio de Su Gloria es seguro; para algunos, el Manto de Dios tiene una luz demasiado brillante. Pero la mayoría verán en Él el cumplimiento de sus esperanzas y sueños de justicia y amor, sensatez y libertad. Y hacia Él dirigirán sus ojos y corazones, buscando guía y consuelo, inspiración y propósito, iluminación y amor. Estos en abundancia Él concederá al mundo. Un vasto Río de Verdad es Él, nutriendo a todos aquellos que beban profundamente de estas aguas. Una Fuente de Amor es Él, conteniendo a todos dentro de Su corazón. Un Avatar como ninguno anterior es Él, venido para conducir a los hombres a la comprensión de que ellos, también, son Dioses." *('El Avatar')*

Preguntas y Respuestas

La inminencia del emerger de Maitreya

P. ¿Por qué el Maestro sugiere la Reaparición del Cristo como el tema para su conferencia ahora (después de todos estos años de haber estado dando a conocer esta información? ¿Tiene que ver con la inminencia del emerger público de Maitreya en este momento?

R. Sí, por supuesto. El Maestro ha estado escribiendo estos artículos [en la revista *Share International* durante los últimos 23 años] sobre el emerger de Maitreya y la respuesta a ello y a toda la complejidad del trabajo que acarrea la creación de este acontecimiento extraordinario. Los artículos fueron agrupados, algunas veces en dos o en tres que trataban de ideas o temas similares, y luego nuevamente hablaban sobre otros temas. Es la forma en que trabaja el Maestro, y es muy similar a la forma en que trabajó Maitreya en los 140 mensajes que Él dio a través mío y que pueden encontrarse en el libro *Mensajes de Maitreya, el Cristo*.

Maitreya aborda un tema: el emerger, la pobreza, la idea de compartir, etcétera. Él habla de ello dos o tres veces de formas diferentes, juntando todas las facetas para proporcionar una imagen completa. Luego Él escogía otro tema durante varias semanas. Más tarde Él volvía, quizás, al primer tema y lo abordaba incluso con más profundidad y añadía facetas que nunca se nos hubieran ocurrido a nosotros pero que expandían su significado.

Cuando los Maestros, por más espontáneos que sean, y ciertamente son espontáneos, presentan un conjunto de enseñanzas o información, Ellos tienden a verlo como un todo y escogen cada idea de forma separada y la analizan en profundidad –cada aspecto de la misma– y luego la dejan, escogen otra idea, y hacen lo mismo. Así que cubren una gama enorme.

P. Los artículos del Maestro parecen resaltar alternativamente el calamitoso estado del planeta, y luego el progreso realizado bajo el estímulo de los Maestros. ¿Cuál es la tendencia más poderosa en el mundo actualmente?

R. La tendencia más poderosa en el mundo actualmente es el progreso realizado bajo el estímulo de los Maestros. Es cierto, el Maestro hace esto. Él escribe un artículo que trata en su totalidad sobre el calamitoso estado del planeta, los problemas, pero Él siempre acaba con una nota positiva. Él siempre trae esperanza al final del mismo. "A pesar de las exigencias del momento, a pesar del terror, del hambre, de todas estas desigualdades que abundan en el mundo, no obstante, el mundo está más preparado para el Cristo como nunca lo ha estado."

No estaban preparados para el Cristo hace 2.000 años, así que Él sólo pudo estar tres años. Esta vez Él va a permanecer 2.500 años y va a estimular la transformación del mundo. Será realmente un tiempo muy interesante.

Si uno analiza todos los artículos, los marcas y los cuentas, encontrarás que el énfasis más fuerte está en el progreso que se está realizando, los grandes cambios que ya están en marcha. Los cambios que normalmente tienen lugar hubieran llevado 100 años, sin embargo han sucedido en 10 años, a veces casi de la noche a la mañana.

Un ejemplo es el fin del apartheid en Sudáfrica. ¿Puedes imaginarte cuán arraigado estaba, cuánto duró el apartheid en EEUU? No obstante ahora, no todos los negros en Norteamérica se sienten seguros o aceptados, especialmente en el sur, pero comparado incluso con hace 40 o 50 años –a mediados de la década de 1950 por ejemplo, un momento terrible, la era McCarthy– se tiene una transformación extraordinaria. Al igual en Sudáfrica, es una situación completamente diferente.

El momento del emerger de Maitreya

P. ¿No es éste un momento difícil para que Maitreya se presente?

R. Es obvio que la elección de este tema, 'la Reaparición del Cristo', después de todos estos años tiene que significar que el momento ahora está maduro para que Maitreya puede aparecer y comenzar Su labor. Podríamos pensar que es un momento terrible para Maitreya, y en cierta medida lo es. Reunirse con personas que estén receptivas y que puedan escuchar y poner en práctica lo que Él dice es una cosa, pero aparecer por radio y televisión con entrevistadores escépticos, es algo distinto nuevamente. No es que Él tema al escepticismo. Para nada. Difícilmente podría ser el caso.

Al principio podría ser bastante difícil incluso para alguien como Maitreya que no sólo conoce las respuestas a todas las preguntas que le formularán, sino que conoce qué preguntas poner en la mente de la persona que pregunta. Así que el entrevistador podría verse formulando preguntas que no tenía intención de hacer. Tendrá algunas preguntas escritas pero algunas otras preguntas podrían surgir. Así que quizás podría no ser tan difícil después de todo.

No obstante, hay un mundo inmenso allí fuera con mucho países diferentes, sistemas y formas de pensar distintos incluso sobre las mismas cosas, valores diferentes otorgados a estas cosas.

No le llamarán Maitreya al principio. Así, si el entrevistador es una personas sabia, podría pensar que es alguien extraordinario, especialmente cuando se vea formulando preguntas que no tenía intención de hacer. (Acabo de preguntarle al Maestro si eso sucedería y Él ha dicho: "Sí, regularmente".) Así que Maitreya conoce las respuestas a Sus propias preguntas.

Las personas a menudo me preguntan cómo será. Él tendrá que hablar al mundo sobre todas estas cosas y realmente cómo podrá hacerlo. Como dice el Maestro, y pienso que es muy revelador, estos grupos como vosotros que habéis estado haciendo este trabajo, de alguna forma, a lo largo de los años podríais decepcionaros. Os sorprenderéis un poco de todas formas, por la calma de Su acercamiento, la falta de énfasis o la pérdida de una oportunidad –podríais pensar– de sacar toda la 'artillería pesada'.

Maitreya se preocupará por hacer que Sus apariciones sean lo más frecuentes posible. Al principio, por supuesto, es más difícil, pero Él tiene Sus maneras y medios. Sus apariciones se harán cada vez más frecuentes hasta que Él tenga una emisión regular en televisión y radio en todo el mundo.

P. ¿Está Maitreya esperando el mejor momento para aparecer públicamente a pesar de que Él podría aparecerse hoy? ¿Qué es lo que le retiene?

R. Maitreya está esperando el mejor momento para aparecer públicamente. Él está esperando la mejor oportunidad, ese es el momento, en el cual habrá la mejor y más rápida aceptación de lo que Él tiene que decir.

Existe todavía un enorme grupo de personas en el mundo que no quieren saber nada sobre Maitreya y Sus ideas. Todos los grupos religiosos tienen sus propios fundamentalistas que juntos conforman un bloque enorme. Pensad en los fundamentalistas cristianos, los fundamentalistas musulmanes, los fundamentalistas judíos, ahora hindúes, incluso budistas hasta cierto punto. Es una cifra enorme de personas, y tienen que afrontar esta realidad. Ellos no le verán como el Cristo o el Imán Mahdi, no al principio.

El mejor momento es cuando el sistema económico que se está desmoronando ponga a Occidente de rodillas económicamente, y les haga afrontar la realidad por primera vez. Hemos vivido en la irrealidad durante tanto tiempo. Pensamos, y nuestros líderes piensan, que podemos continuar con las viejas formas, exactamente como lo hemos hecho –más competencia, más codicia, más de lo mismo, y sencillamente continuará, venceremos. Ya no es así, no funciona.

Si dos terceras partes de la población mundial viven en la pobreza entonces el sistema económico no funciona. Si pensamos que seguirán adelante sin exigir que funcione para ellos, entonces estamos muy desconectados con la realidad. Maitreya dejará eso claro.

Un inmediato colapso de las estructuras económicas, una caída de las bolsas en Europa y Norteamérica, harían aparecer a Maitreya de inmediato. Eso nos enfrentaría a la realidad. Ese es uno de los factores a los que Él está esperando, ese sentido de la realidad que ocasionará. Veremos que no funciona. Pensábamos que funcionaba, parecía funcionar para algunos de nosotros, pero a través de nuestra complacencia incluso ni pensábamos en aquellos para quienes no funciona. Una de las principales labores de Maitreya es arrojar agua fría sobre esta complacencia, hacer que sea muy incómodo ser complaciente.

Puedo recordar a personas que asistían a una conferencia mía y decían: "Pensé que iba a ser un mensaje de esperanza, pero me siento tan mal. Me siento tan infeliz. Me siento tan culpable y horrible". Yo contesté: "Muy bien. Eso es lo que denominamos amor".

Debéis adentraros en esta complacencia. Si las personas sólo quieren ser, "Ah, maravilloso", no van a cambiar el mundo. Es importante que sepan que el Cristo está en el mundo y no solo, y que el mundo está preparado para el cambio y cambiará. Pero si sólo quieren que se les haga sentir bien, no van a ayudar al mundo porque no son las personas que en realidad están trabajando en el mundo.

P. ¿Está Maitreya todavía esperando el colapso de las bolsas? ¿Se verá la Reaparición de Maitreya afectada si el presidente Bush es de alguna manera reelegido para otros cuatro años? (Europa)

R. Sí, Él todavía está esperando la caída de las bolsas, pero si los acontecimientos políticos fuesen lo suficientemente críticos, Él aparecería tanto si hubiese un colapso bursátil como si no –si Él viera que Su presencia y lo que Él tiene que decir tendría un efecto poderoso en la situación política.

P. ¿Existen algunas otras circunstancias que podrían hacer que apareciese antes de eso?

R. Existen un número de crisis que podrían hacer que apareciese, pero Él conoce la Ley y podéis estar seguros que Él obedece la Ley al pie de la letra. No obstante al mismo tiempo Él sabe cómo manipular esa Ley. Él sabe cuánto puede ser manipulada y todavía estar dentro de la Ley.

Él hablará sobre la Ley Kármica, sobre la que Él conoce y entiende más incluso que entre Sus iguales, incluso entre los Maestros, que, nosotros suponemos, conocen las sutilezas de la Ley Kármica.

Si hubiese un suceso en el cual la paz del mundo se viese afectada, Maitreya actuaría y se presentaría sin el colapso de las bolsas. Debería ser una situación muy peligrosa, e incluso entonces Su acción no debería infringir la Ley Kármica. Él tiene que realizar juicios precisos, que son de un nivel cósmico. Él trabaja con energías cósmicas.

No es una opción simple y directa. Todo lo que Él hace tiene que tener en cuenta un millar de posibilidades cósmicas, aquellas que son conducentes para el acto y las posibilidades que podrían ser perjudiciales si Él lleva a cabo el acto. Es un juicio muy fino y sutil lo que Él tiene que realizar todo el tiempo. Su trabajo no es sencillo para nada. Esa es la razón por la cual estoy intentando explicar la complejidad de la situación.

Si hubiese un peligro real para el mundo, la posibilidad de una conflagración a escala mundial que incluyera el uso de armas nucleares, Él podría actuar. Él invocaría, como yo lo entiendo, las energías que pondrían fin al proceso. O podría ser algo totalmente diferente. No que los Maestros utilizaran alguna vez la fuerza. Podría haber algo que los Señores del Karma podrían verse inducidos a realizar. Esa es también una posibilidad. Pero no la aferréis demasiado en vuestras mentes.

Existen posibilidades e imposibilidades, pero en lo que los Maestros concierne, no puedes decir que son imposibles. Siempre puedes pensar que las cosas son posibles. Ellos son tremendamente poderosos, y no creo que nadie tenga una idea de cuán poderoso es el Avatar Maitreya. Él trabaja con energías con las que nunca hasta ahora se había trabajado al unísono en este planeta.

Él es un Ser tremendamente poderoso, y tiene que trabajar dentro de la Ley en el uso de ese poder. Eso es lo único que le limita.

P. ¿Está la tercera guerra mundial cercana, qué hay con el conflicto de Oriente Medio?

R. No, no lo está. Si estuviésemos en una situación que fuese tan 'caliente' –es muy 'caliente' en la actualidad [en Agosto de 2006]– que la Tercera Guerra Mundial fuese inevitable, Maitreya intervendría.

Es mejor que Él no tenga que intervenir porque infringiría el libre albedrío humano. Pero si fuese necesario, Él intervendría. En ese caso Él estaría restringido durante bastante tiempo en lo que Él pudiera dar a la humanidad, hasta que nuestro karma le permitiese dar lo que Él tiene que dar. Si Él utilizara ese don kármico, por así decirlo, para evitar una Tercera Guerra Mundial, eso le dificultaría hacer cosas que de otra manera haría.

Los Maestros, con una visión más amplia, saben que al final las cosas se clarificarán y que la paz se establecerá. Ellos saben, como Maitreya dice, que el final es conocido desde el principio. No temáis. Eso no significa sentarse quietos y no hacer nada. Esa es la cuestión.

Tenéis que inspiraros para actuar. Él dice: "Nada ocurre por sí mismo. El hombre debe actuar y realizar su voluntad". Las personas, llenas de idealismo, piensan que si uno puede imaginarse algo, ya existe, que si sabes que Dios es perfecto, entonces el mundo es perfecto. No puedes cerrar los ojos a todos los males del mundo. Es ridículo. No es de adulto. Sé adulto y enfréntate a los males del mundo y haz algo sobre ellos. Debes actuar para realizar tu voluntad. Si deseas paz, justicia, compartir y correctas relaciones, debes hacerlo. Haz saber que deseas eso. Elige a las personas correctas para que lo logren. Sé activo. De otra forma, vives en las nubes.

Éste es un momento como ningún otro en la historia. No se repetirá. La Jerarquía de Maestros está regresando al mundo por primera vez en 98.000 años. Tienes la oportunidad de trabajar para Ellos, para facilitar el trabajo de Maitreya, para iluminar el camino, para hacer saber al mundo que Él está aquí. No esperes hasta que Maitreya se aparezca abiertamente. Di a todo aquel que escuche que Él está aquí, cuáles son Sus planes, cuáles son Sus prioridades –correctas relaciones, compartir, justicia, paz–, éstas son sus prioridades. Cuidar del planeta es la prioridad número uno. Tenéis que hacer de esto algo propio, no simplemente escuchar a alguien como yo.

Todos tenemos que involucrarnos y decir al mundo lo que está sucediendo, que éste es el momento más extraordinario, nunca ha habido un momento en la historia del mundo como este momento. Estar vivo en este momento es una bendición extraordinaria.

Con todo el dolor y el sufrimiento en el mundo, la oportunidad para la humanidad es inmensa.

P. ¿Cuando dice que Maitreya se aparecerá pronto usted se refiere a una entrevista por televisión?

R. Cuando digo aparecerse, la primera será una entrevista en una televisión norteamericana, sí. Esta charla es un indicio, podéis estar seguros, de que el emerger de Maitreya será, como el Maestro tan a menudo lo ha expresado, pronto. Ahora sabréis lo que pronto significa después de todo. 'Es realmente muy pronto, más pronto de lo que os gustaría, probablemente. ¿Pensáis que este trabajo se hará más fácil mientras pasa el tiempo, mientras Maitreya aparece? *Ahora* es el tiempo fácil. Se va a convertir en lo opuesto. Estaréis tanto en medio de la acción como inmersos en el debate y sintiendo toda la confrontación.

P. ¿Llega el mensaje de Maitreya a África?

R. Maitreya vive en Londres en varios templos hindúes. Él va a la mezquita y a la iglesia, pero Él vive en templos. Él vive durante unos pocos años en un templo y unos pocos años en otro. Mientras está en esos templos, Él enseña a los swamis sobre Sus ideas para la transformación mundial, luego los envía por el mundo, dando a las personas parte de su experiencia, y las enseñanzas de Maitreya. Las enseñanzas de Maitreya se divulgan a través de muchos swamis, hombres educados e inteligentes, criados en la tradición hindú. Esto sucede todo el tiempo. Muchos de ellos van a Asia y a partes de África donde existen comunidades hindúes que necesitan swamis en sus templos.

Crisis espiritual

P. Usted habló de la necesidad de elaborar el mensaje para que las personas puedan asimilarlo, en el contexto de su experiencia. ¿Cómo podríamos nosotros de forma más específica enfocar esto de un modo que contacte con el alma de la personas en lugar de los enfoques normales centrados en el temor que son algo común en el ámbito del activismo de base popular?

R. Es imposible hablar sobre la Reaparición del Cristo y los Maestros sin contactar con el alma de una persona, invocar la experiencia del alma e intuición de la persona con la que se está hablando. Es prueba y error: fracasarás con algunas personas y tendrás éxito con otras. Si tú mismo intentas trabajar como un alma, si intentas ver las cosas desde el punto de vista del alma, no es como ver las cosas de una forma mística. El alma no es mística. Es un gran misterio para la mayoría de personas, pero no es una idea mística.

Cuando las personas piensan en abordar cosas como un alma, se inclinan en pesar que se trata de un enfoque muy elevado, tipo místico. No lo es. Puedes ser, y debes serlo, tan práctico como lo soy yo en presentar este mensaje. Algunas personas vienen a mis conferencias y dicen: "Pensé que trataría sobre la Reaparición del Cristo. Pero todo es política y economía". Son ambas cosas. Política y economía son ideas espirituales.

La actual crisis global es una crisis espiritual. Es una crisis de Ser. La humanidad no sabe quién es, lo que es, de dónde proviene, a dónde va. Es una crisis espiritual para el mundo entero. Esa crisis espiritual está centrada actualmente en los campos político y económico.

Esa es la razón por la cual nosotros en Occidente tenemos una total falta de preocupación. Conocemos y no obstante soportamos el hecho de que millones de personas se están muriendo en Oriente, África, por falta de alimentos que se pudren en los almacenes del mundo occidental. Esa es una realidad espiritual. El hecho de que podamos soportar eso es un error espiritual. No es tan sólo un error de sentido común, un error de distribución o contable, como si los hubiéramos dejado fuera de la ecuación y de alguna manera el alimento no hubiera llegado allí. No es ese tipo de error. Es el efecto de una carencia espiritual en nosotros. No somos lo que pensamos que somos. Pensamos que somos listos, inteligentes, capaces de gestionar nuestras vidas y la vida del país de formas que son beneficiosas para todos. No es cierto. Podrías ser listo e inteligente. Podrías tener buenas ideas. Podrías tener las mejores intenciones. Pero a menos que seas espiritual en el sentido real, en el sentido práctico, no controlarás esas cualidades, la astucia, la inteligencia, el pensamiento por los demás. Serás complaciente. Pensarás: "Estoy en lo correcto, lo hemos hecho bastante bien aquí. ¿Qué falla con nuestro país? Es genial. Tenemos que librar la guerra insólita ahora y nuevamente sólo para enseñar una lección a algunos impertinentes, pero aparte de eso, estamos bien" –olvidando que sólo eres una parte del mundo.

Ser espiritual significa realmente tomar al mundo como un todo, pensar en términos globales. Esto es lo que se necesita sobre todo actualmente. Todos los gobiernos deberían estar bajo la presión de un público educado para tener un punto de vista más amplio, ver la necesidad de tener correctas relaciones humanas en el sentido político y económico, no sólo un sentido humano acogedor, amistoso y uno a uno.

No es una cosa o la otra. Necesitas un sentido humano acogedor, amistoso y uno a uno por norma, Pero también como norma, Gran Bretaña, Francia, Norteamérica, Japón, todas naciones desarrolladas, deberían tener los mismos sentimientos hacia los africanos e indios, el pueblo que está sufriendo, viviendo con un dólar diario –una quinta parte de la población mundial. Es increíble. Hay 1.300 millones de personas en el mundo que viven con un dólar diario. De estos, millones mueren de hambre a diario, cada hora, momento a momento.

El hecho de que permitamos que eso suceda es una crisis espiritual. Tendemos a pensar en ello sólo en términos políticos y económicos. Pero la realidad económica y política es la crisis espiritual. Tenemos que verla en su esencia. La esencia es relaciones humanas incorrectas. Tendemos a no reconocer o poner énfasis en el hecho de que la humanidad es una.

Sólo hay una humanidad, un grupo denominado humanidad, el reino humano. No es el único reino, ni siquiera el más importante. Sólo pensamos en una parte del mismo, el mundo desarrollado, como la parte importante del primordial reino humano.

Desde el punto de vista de los Maestros, el reino humano es sólo un reino entre otros, altamente importante, pero forma parte de la evolución del planeta Tierra. Y el planeta Tierra es una parte de la evolución del sistema solar, y así sucesivamente, más y más elevado. No existe fin. No existe un punto en el que puedas parar y decir: "Detengámonos aquí. Ésta es Norteamérica, sencillamente cuidemos de Norteamérica". Es lo que Norteamérica tiende a hacer, cuidar de Norteamérica. Es lo que Gran Bretaña tiende a hacer, cuidar de los intereses británicos. ¿Obra en interés británico, norteamericano, francés, italiano, japonés o ruso obrar así?

Siempre lo colocamos dentro de estos intereses específicos locales, no globales. No existe tal cosa como intereses norteamericanos, rusos o británicos. Existen intereses mundiales, intereses humanos, y a menos que sean solucionados, no habrá humanos en el mundo. Eso es lo que debemos comprender y eso es lo que puedes presentar.

Eso es conversación de alma. Así es como el alma ve el mundo. Cuando las personas ven esto, dicen: "Sabes, tienes razón", porque su alma les está diciendo que es verdad. Lo ves como un alma. Pero si no lo ves como un alma, no lo ves como una crisis espiritual, sólo como una crisis económica o política. Ellas *son* crisis políticas y económicas, pero estos son los campos en los cuales se centra la crisis espiritual.

P. ¿Podría comentar más sobre el mecanismo de la complacencia?

R. El mecanismo de la complacencia es el hábito. Vosotros en Norteamérica nacéis y crecéis en un país que es tan materialista en su visión que la complacencia es la consecuencia inevitable. Se os educa tanto en el colegio y a través de los medios de comunicación que Norteamérica se convierte en el límite de vuestra visión, vuestra imaginación, vuestro sentido del mundo. Es debido a que Norteamérica es tan grande. Tenéis un servicio de prensa tan poderoso que día tras día muestra lo que sucede en Norteamérica en la vanguardia de vuestra conciencia. En los colegios de Norteamérica os educan para saludar a la bandera cada día. Esto no sucede en todas partes. No conseguiréis que muchos escolares saluden la bandera nacional. Pensarían que estás chiflado. No obstante lo dais por sentado. Además Norteamérica es tan rica comparada con muchos países que fácilmente percibís su atmósfera materialista de que estáis bien y no tenéis que pensar sobre aquellos que residen en el extranjero. Como un país joven, también creéis que las personas deben valerse por sí mismas y hacer de la vida lo que puedan. Hay mucha verdad en esto pero llevado al extremo conduce a la complacencia que amenaza a la paz mundial.

Norteamérica aglutina a una parte de Europa, simplemente transportada a través de los mares –británicos, franceses, holandeses, alemanes, escandinavos, españoles– y otras personas de otras partes del mundo, africanos traídos como esclavos. Conseguís una mezcla que es única, pero es una parte de un Plan. Formáis parte de un Plan. Estáis todos aquí por un propósito bastante diferente de la Reaparición del Cristo.

Estáis aquí porque existen tres grandes experimentos que se están llevando a cabo en el mundo, uno aquí en Norteamérica, uno en Rusia y uno en Gran Bretaña. Aquí el experimento es juntar a estas personas, no de todo el mundo, sino principalmente de Europa. Con unas pocas excepciones se las reúne en este gran crisol y se les permite fundirse y convertirse en lo que se conviertan. Podrías haber comenzado como medio sueco y medio escocés, y acabáis después de unas pocas generaciones como parcialmente sueco, parcialmente escocés, parcialmente iraní o húngaro o lo que sea. Es una amalgama, un gran crisol. Sois el queso que sale de la fundición.

Sois algo diferente. Sois norteamericanos, algo bastante diferente de lo que comenzasteis. Al final, de esta mezcla, saldrá un tipo muy distintivo que será norteamericano, diferente de cualquier otra cosa.

Rusia tiene otro plan. El plan allí es de una agrupación de naciones que permanezca unida. Rusia es incluso más grande que Estados Unidos, una sexta parte de la superficie terrestre. Existe la Rusia que conocemos, hasta aproximadamente Moscú, y luego tan lejos como puedas mirar desde un avión, tan lejos como puedas ir país tras país hacia el este, y al sur hasta Ucrania y todos los diferentes países. Todos formaban parte de la Unión Soviética, antes de que se desmembrara. Cada uno es ahora un país independiente, parte de una federación de naciones. Esa federación será todos estos diferentes pueblos viviendo juntos en armonía, con el tiempo, sin buscar entremezclarse o fusionarse o fundirse como lo hacéis aquí.

En Gran Bretaña está sucediendo lo mismo. La Commonwealth británica, que solía abarcar el globo con sus colonias, ahora abarca el globo como países independientes. Tenemos una gran población de países del Commonwealth: de Sudáfrica, de varios estados del este y oeste de África, de todos los estados de las Antillas, unos pocos de América del Norte y del Sur, y de India, Pakistán, Bangladesh y Sri Lanka. Devolvimos Hong Kong a los chinos, pero las personas vienen de Hong Kong a Gran Bretaña al igual que lo han hecho siempre. Existe un gran agrupamiento de personas de todo el mundo en Gran Bretaña. En algunas ciudades, uno pensaría que está en la India. Cada tienda, cada restaurante, es indio, y es mucho más vistoso. Es una atmósfera completamente diferente a la ciudad vecina, que es lo más británica que uno puede imaginarse.

Se trata de una mezcla de pueblos del mundo juntos, pero sin fusionarse ni fundirse, siendo ellos mismos, indios, pakistaníes, africanos, sin aislarse, viviendo juntos en grupos separados nítidos, con sus propias religiones, sus propias tradiciones, abriendo tiendas, bares y restaurantes, y viviendo en armonía. No es pura armonía actualmente. La meta es que todos estos representantes de una gran parte del mundo vivan juntos, aprendan a vivir juntos, en armonía. Allí es donde está Maitreya, así que es quizás más fácil que suceda.

Todos estos tres experimentos tienen que ver con la agrupación de pueblos. Uno es una amalgama como aquí en Norteamérica. Esa es una de las razones de que tengáis los problemas de Norteamérica. Cuando juntáis diversos pueblos en las cifras que tienen lugar en Norteamérica, está destinado a que acabéis teniendo problemas. Pero al final la mezcla continuará, la estimulación de ello continuará. Los Maestros norteamericanos los están mitigando.

Es un experimento muy interesante. Si lo sabéis, ciertamente responde a muchas de las preguntas que surgen sobre la naturaleza de la vida social en los diferentes países, incluso la apariencia de las personas.

Libre albedrío

P. Usted ha hablado sobre líderes en varios campos que han tenido contacto con Maitreya y los Maestros y han sido preparados por Él. ¿Por qué su trabajo no es más evidente en la situación actual?

R. Me pregunto si eso es cierto. ¿Cuán evidente usted espera que sea? ¿Cuál es el área de su indagación? Yo no sé lo que usted espera. Existen personas en todo el mundo que saben, como lo sabemos nosotros, que Maitreya está en el mundo y que saben por qué Él está aquí. Ellos podrían no conocer todo el trasfondo esotérico de Su venida, pero ellos saben que un gran Instructor está en el mundo y él podría ser, desde sus puntos de vista, el Cristo. Ellos saben que Él tiene ideas muy explícitas sobre la necesidad de la humanidad de cambiar, y en qué dirección, y que ellos pueden ser de ayuda al influenciar en la dirección de ese cambio. Ellos saben eso, pero no lo escribirían en los periódicos. Ellos no están necesariamente en Francia, o Alemania, u Holanda. Podrían estar en Sudamérica; de hecho ellos *están* en Sudamérica. Podrían estar en China; ellos *están* en China y Rusia.

Nosotros en Europa tendemos a pensar que todo con algo de importancia sucede en Europa al igual que si fueses norteamericano pensarías que Norteamérica es donde sucede todo. Bueno, no es así, por supuesto. Algunas cosas –algunas de las peores cosas, algunas de las mejores cosas– suceden en Norteamérica y en Europa, pero mucho de valor para la humanidad, y el tipo de cosas que usted sugiere no son evidentes, en realidad se están haciendo cada vez más evidentes en un nivel cada vez más elevado en algunos países de Sudamérica, en China, en Rusia. Existe una afirmación en todos estos campos para el cambio, no el líder revolucionario comunista de la vieja escuela sino un nuevo tipo de líder democrático de izquierdas, comprometido con el pueblo, que están surgiendo en varios estados de Sudamérica y en otros lugares del mundo. Esa es una forma más saludable de proceder que la vieja, y ahora moribunda, oligarquía de las agrupaciones soviéticas, tanto en oriente como en occidente. La democracia es una realidad y es el método preferido de vida social de los Maestros.

Ellos no trabajan exactamente como una democracia. La Jerarquía, como el nombre sugiere, es una jerarquía. Ellos aceptan eso bastante abiertamente, por ejemplo, Maitreya sabe más que los Maestros porque Él es más evolucionado, más viejo, y tiene una conciencia despierta de aspectos del cosmos que Sus discípulos más cercanos no tienen, incluso si son iniciados de sexto grado. Es una jerarquía, y Ellos dan por hecho que cualquiera más evolucionado tendrá un área de conocimiento y sabiduría más amplio y profundo, por la mismísima naturaleza de la conciencia. Sin embargo, ellos trabajan democráticamente hasta el punto de que cada Maestro se hace cargo de cierta porción de trabajo y desde Su propia conciencia lo hace efectivo en el mundo. Él es responsable de su propia sección del trabajo o enseñanzas y tiene el derecho democrático de presentar Su punto de vista en las reuniones Jerárquicas colectivas donde todas las ideas son debatidas y valoradas.

Encontramos difícil de aceptar una visión de vida jerárquica, de aceptar diferencias en las personas. Países como Holanda, Suecia y Noruega, por ejemplo, que son muy democráticos, encuentran realmente desagradable la idea de que existe una Jerarquía, de que existen personas que son Maestros. Ellos siempre piensan que los Maestros nos dicen lo que hacer. Como me he esmerado en decir durante años, los Maestros no están aquí para decirnos lo que hacer para nada. Los Maestros sólo nos aconsejarán y enseñarán en el sentido de revelar los resultados de las acciones. Si realizamos esta acción, esto y aquello será el resultado inevitable, y si realizamos esa acción, entonces resultará algo bastante diferente, probablemente preferible. Entonces Ellos nos dejan la elección a nosotros. Si somos inteligentes aceptamos Su consejo. Ellos iluminan los resultados de las diversas acciones que realizamos. Eso es un beneficio extraordinario para la toma de decisiones –si tienes a un Maestro, a un Instructor, a un Guía que te diga que si haces esto entonces resultará esto y aquello, o si haces eso entonces resultará otra cosa completamente diferente, entonces puedes juzgar cuál dirección deseas seguir. Es lo que tú desees; tienes libre albedrío. No puedo hacer más hincapié en ese hecho.

Nosotros realmente no comprendemos lo que es el libre albedrío. Tenemos una comprensión del mismo de una forma más bien superficial, pero realmente no comprendemos cuán profundo es un libre albedrío de calidad y por qué es imposible para los Maestros infringir nuestro libre albedrío. El libre albedrío es el mismísimo elemento de nuestra naturaleza que hace que la evolución sea posible. Sin libre albedrío no podríamos evolucionar. Los Maestros están a cargo del Plan de Evolución así que están involucrados con la evolución, y la evolución humana forma parte de la misma. Si Ellos fueran a infringir nuestro libre albedrío, que es fundamental para poder evolucionar, detendrían Sus propias acciones y detendrían toda la evolución humana –así que nunca sucederá. Tenemos que hacernos conscientes de cuán importante es ese libre albedrío y no verlo como algo a lo que nos aferramos cuando sabemos que estamos haciendo algo incorrecto.

Alguien viene, un profesor por ejemplo, alguien que conoce las respuestas y que ha pasado por el mismo terreno y por ello conoce que si haces esto, entonces sucederá aquello, y te lo dice. Si lo tomas como algún tipo de infringir de tu precioso libre albedrío, entonces no te vas a beneficiar de esa cualidad.

Conozco personas que no aceptarán el hecho de la presencia de los Maestros en el mundo incluso cuando Ellos estén trabajando abiertamente. Ellos no aceptarán la orientación Jerárquica porque son demócratas y no aceptarán ningún tipo de supervisión jerárquica si la sienten como una supervisión sobre su derecho a ser ellos mismos y su derecho a ser democráticos. Es una obsesión con la democracia. Ellos han llevado la democracia, correctamente, a un nivel de importancia muy elevado en nuestra vida social y luego la han deificado. La han transformado en una ideología que coloca una barrera alrededor de ellos, y por ello no pueden crecer. No pueden aceptar nada más elevado que su democracia.

Sólo son hombres y mujeres y están limitados, como todo hombre y mujer, por su punto de evolución. Yo no sé cuál es la media de punto de evolución de los políticos gobernantes inteligentes del mundo. Yo diría que está entre 1.4 y 1.35. No es suficiente. Están funcionando astralmente. No están mentalmente polarizados. No pueden tomar decisiones objetivamente y así hacen un caos del mundo.

Las personas que Maitreya y los Maestros han estado entrenando, según descubriréis, tendrán 1.5 o más, probablemente incluso unos pocos iniciados de segundo grado, trabajando desde un nivel más elevado. Ellos pueden ver más objetivamente. Todavía podrían ser fanáticos y hundirse en su propia ideología particular, pero tendrán un mayor sentido de la totalidad. Tendrán una mayor tolerancia en las cosas que importan incluso si son fanáticos cristianos o fanáticos musulmanes, o lo que sea.

Las naciones – el pueblo y sus líderes

P. Encuentro interesante que un país como Alemania pueda en menos de medio siglo pasar de tener un líder malvado, Hitler, a escoger a un líder como Willy Brandt, el hombre que lideró el panel que creó un verdadero consenso para el desarrollo de un paquete de modelo económico para el futuro. ¿Se trata de un ejemplo de cuán lejos puede ir la humanidad desde un extremo a otro en una dirección positiva?

R. Ciertamente es un ejemplo. No sé si puedes convertirlo en el ejemplo que se sugiere aquí. Es extraordinario que existiera Hitler y que no mucho después en Alemania estuviera Willy Brandt. Brandt fue elegido. Hitler no fue elegido apropiadamente –fue manipulado. Él no fue escogido por el pueblo. También, Willy Brandt era un iniciado de tercer grado y Maitreya le pidió que creara el Informe Brandt. Willy Brandt fue elegido líder por un proceso democrático, él era un demócrata. Él se retiró cuando no necesitaba retirarse, debido a una acción casi totalmente abierta por parte de un subordinado. Él asumió la culpa. Fue una gran pérdida para Europa, una verdadera pérdida para el mundo.

Él fue contactado por Maitreya muy poco después de que Él viniera al mundo. Maitreya vino a Londres en julio de 1977 y en noviembre de 1977 contactó con Willy Brandt. Él sugirió que Brandt creara un panel de economistas de todo el espectro de puntos de vista, desde la extrema izquierda hasta la extrema derecha, de destacados hombres y mujeres de todos los países que pudiera encontrar. Él creó este panel, y por consenso llegaron a lo que se publicó como el Informe de la Comisión Brandt. Recomendó nada menos que el compartir de los recursos y la reconstrucción de nuestro sistema económico –un logro tremendo. Es una gran pérdida para el mundo que Willy Brandt no permaneciera en el poder en Alemania.

Lo que es interesante es que Hitler dominó Alemania desde 1933 hasta el fin de la guerra, 1945. Él dominó debido al poder de dos miembros alternos de la Logia Negra que literalmente se apoderaron de su cuerpo y le obsesionaron durante ese periodo. Ese mal no era el mal de Alemania, aunque obviamente en otro país podría no haber ocurrido. No sucedió en Francia, o Gran Bretaña, u Holanda. Tuvo lugar inicialmente en Italia con Mussolini. Esa es la razón por la cual los poderes del Eje se juntaron.

Hitler, Mussolini y el grupo de militaristas en Japón creó una fuerza de tres puntos, un triángulo. La energía fluyó a través de ese triángulo, que fue potenciado por las fuerzas oscuras. Los Maestros en la Logia Negra conocen estas cosas tan bien como los Maestros de la Logia Blanca. Sencillamente las utilizan para diferentes propósitos.

Alemania como nación es muy joven y, siendo joven, sus personas son altamente astrales en su respuesta a la vida, como en EEUU y muchos otros países. Si Alemania hubiera sido una nación más antigua, a Hitler probablemente nunca se le hubiera permitido erigirse. No estoy diciendo que no hubiera ocurrido, sino que podría bien no haber ocurrido. La inmadurez de una nación da la oportunidad a tales hombres a emerger y tomar el mando. Allí donde existen sistemas establecidos hace tiempo, con sus controles y equilibrios, se tiende a no tener la misma situación.

No pienso que existe un corolario entre Hitler y Willy Brandt como se sugiere en esta pregunta, porque realmente tiene que ver con la preparación del país y el emerger de las figuras. Si un país está preparado a realizar algo, emergen las figuras para hacerlo. Un hecho oculto es que en cada periodo de la historia, las almas se encarnan con la capacidad de abordar los problemas del momento. Las personas vienen, entrenadas y preparadas, para responder a los problemas, y para hacer avanzar a la humanidad a ritmo constante.

Desde el punto de vista de los Maestros, el desarrollo de la humanidad es bastante constante. Nosotros lo vemos como ascendiendo y descendiendo. Para los Maestros, las guerras entre 1914 y 1945 son una gran guerra que permitió a los Maestros aparecer. Maitreya anunció Su venida en 1945 debido a la derrota de las fuerzas del mal, los Señores de la Materialidad, como los denominan los Maestros. La derrota de los Señores de la Materialidad hizo posible que la Jerarquía reanudara Su trabajo en el plano físico antes de lo planeado.

P. ¿Cómo se apareció Maitreya a Willy Brandt? ¿Era él consciente de quién era Él?

R. Sí, él sabía quién era Él, y realizó el trabajo. Era un iniciado de tercer grado y sabía lo que estaba sucediendo.

P. ¿Siempre existe una combinación de líderes y las personas de ese país que determina si actúan o no actúan en relación a un problema? ¿Habrá alguna vez un momento en el que existan líderes potenciales

pero no tendrán el carácter o la cualidad de personal necesaria para llevar a cabo sus ideas, o viceversa –personas pero no líderes?

R. No es así, pero a menudo tenéis líderes y no el apoyo subyacente para un gobierno democrático. Tenéis líderes, pero el país es joven y no políticamente maduro y suficientemente consciente. Así los líderes se vuelven dictadores como Napoleón, que transformó Europa y creó estados que no existían antes.

El 'mito' norteamericano de libertad

P. Usted ha dicho que el mundo está esperando para que el alma de Norteamérica se manifieste. ¿Esta manifestación vendrá exclusivamente a través de los iniciados en Norteamérica o de las masas en el futuro cercano?

R. Viene a través de los iniciados. El alma de un país siempre se manifiesta a través de los iniciados de dicho país. De las masas proviene la expresión de la personalidad. La expresión de la personalidad de Norteamérica es el 6° rayo de Idealismo Abstracto o Devoción. Los norteamericanos son realmente devotos a sus propios ideales. El ideal de la libertad es probablemente el mayor ideal, al menos del que más escuchamos. No oímos sobre justicia demasiado porque la idea de justicia no colorea la conciencia de las masas de Norteamérica.

Norteamérica ha elevado el concepto de la libertad a un grado que, en mi opinión, lo posiciona fuera de la libertad absolutamente. Es la libertad de hacer lo que te plazca, bajo cualquier circunstancia, sin restricciones. Si rascas la superficie de un norteamericano normal y corriente, verás este poderoso 6° rayo, preparado para dejar de lado cualquier obstáculo para salirse con la suya. Para la persona, no es una forma equivocada, sino su propia forma ideal, y eso es libertad.

El presidente de Norteamérica dijo que la libertad de Norteamérica estaba siendo amenazada por un pequeño país llamado Irak. No tenía armas de destrucción masiva. ¿Cómo podía Irak amenazar a Norteamérica? Todo el asunto es ridículo. No puedo comprender cómo tantos norteamericanos creyeron la afirmación de su gobierno de que de alguna forma u otra, dado que Irak no tenía armas de destrucción masiva, era una amenaza para Norteamérica. Nunca ha sido una amenaza para Norteamérica. Nada puede persuadirme de que Irak fuese una amenaza para Norteamérica. Podría ser una amenaza para Kuwait, una amenaza para los kurdos ciertamente, una amenaza para Irán, quizás, nuevamente, aunque lo dudo. Irak podría ser una amenaza para Siria si lo deseaba. Siria es probablemente el único país para el que Irak podría realmente significar una amenaza, y tiene fronteras con Irak así que sería muy sencillo. Siria no tiene armas de destrucción masiva de las que hablar. Creer que Irak era una amenaza para Norteamérica es creer en una insensatez. Que el Señor Blair persuadiera al pueblo británico y alrededor de un tercio de su propio partido de que Gran Bretaña estaba amenazada por Irak es nuevamente una completa y absoluta insensatez. Sencillamente no es cierto.

La libertad se ha elevado a una posición donde ya no es la libertad de la que se está hablando. La libertad es una de las necesidades humanas imperativas. Sin libertad, no existe vida real. Es una gran cualidad divina, pero también está la justicia. No puede haber libertad sin justicia, o justicia sin libertad.

El 'mito' norteamericano de libertad está basado en el hecho de que las masas de norteamericanos creen en lo que ellos denominan libertad, pero obviamente no creen en la justicia. He descubierto que en la mente norteamericana ellos equiparan la justicia al sistema legal. Estáis muy preocupados con la legalidad. El sistema legal está muy desarrollado en Norteamérica. Parte del mismo me parece muy extraño, parte del mismo muy avanzado. Pero no tiene nada que ver con la justicia excepto la justicia legal. La justicia es algo diferente. La justicia tiene que ver con las correctas relaciones, al igual que la libertad tiene que ver con las correctas relaciones. No puedes tener una sin la otra.

Las masas de las personas que constituyen la personalidad de Norteamérica consiguen de alguna manera ver la libertad como la necesidad primordial de todos los pueblos, y la justicia como algo tan lejanamente detrás que casi no tiene cabida allí. Tenéis una población de 275 millones de personas en este país de los cuales unos 44 millones no tienen ningún tipo de asistencia sanitaria. Eso es increíble. Se trata de una inmensa proporción de la población que no puede permitirse visitar al médico, que no puede permitirse ir al dentista o ponerse una dentadura postiza si lo necesitan, que temen enfermarse porque tienen que dejar de trabajar y no recibirán su paga. Es abominable.

Esa es la razón, entre las prioridades de Maitreya, de que Él haya declarado: suficiente alimento, cobijo, atención sanitaria y educación. Esto es lo esencial para todas las personas como un hecho, como un derecho humano. También está en la Carta de Naciones Unidas, que fue escrita en gran medida por el presidente F.D. Roosevelt. Sabéis esto y no obstante no existe énfasis en el pensamiento norteamericano sobre el concepto de justicia. Ellos saben lo que significa la igualdad, pero no les gusta. Lo denominan comunismo, socialismo.

Maitreya dice que ninguna nación puede funcionar con una rueda. Si consideráis a una nación como a un carro, debe tener dos ruedas, de otro modo no se desplazará. Si una sola rueda es el capitalismo, no se moverá. Si una sola rueda es el socialismo, no se moverá. La única cosa que hará que el carro, es decir vuestra estructura política/económica, funcione apropiadamente es tener lo mejor del socialismo y lo mejor del capitalismo. Los Maestros aconsejan el 70 por ciento de socialismo con un 30 por ciento de capitalismo como la mejor proporción.

P. Por qué no oímos a nadie hablar sobre las causas del terrorismo?

R. Porque no se comprende la causa. No me sorprende, porque se necesita un punto de vista bastante sofisticado para ver que existe una causa incluso detrás del terrorismo. Las personas están tan atemorizadas por el terrorismo, especialmente en Estados Unidos desde el atentado del 11/9 contra el World Trade Center. Los norteamericanos están psicológicamente conmocionados hasta la médula. Ha transformado el pensamiento y sentimiento en Norteamérica más que cualquier otra acción desde la Segunda Guerra Mundial. Es como si algo terrible, absolutamente insoportable, una afrenta a su ascendencia, su invencibilidad, hubiera sucedido, en vez de decir, "eso fue un atentado terrorista y debemos construir nuestras defensas contra el terrorismo" y continuar con lo siguiente.

No venganza contra el pueblo de Afganistán, que no eran, en su conjunto, terroristas; y no contra el pueblo de Irak, que no eran terroristas y que no habían invadido a nadie en la última década (entonces fue contra sus vecinos y no contra Norteamérica).

Es un concepto muy difícil de comprender para las personas, de que existe una causa para el terrorismo. Tiene que ver con la injusticia que prevalece en el mundo. Ese es un concepto muy difícil de aceptar para los norteamericanos sobre todo, e incluso para las personas de otras naciones –el concepto de que la justicia es tan real e importante como la libertad.

P. ¿Cuántos iniciados de tercer y cuarto grado hay en EEUU? (EEUU)

R. No voy a contestar eso, aunque podría obtener la respuesta. Vuelve a poner énfasis en EEUU. Tenéis que aprender a olvidar de alguna manera a EEUU. Consideráis a EEUU como una prolongación de vosotros mismos. El mundo es la verdadera prolongación de vosotros mismos.

Vivimos en un mundo en el cual hay unos 865.000 iniciados de primer grado, unos 250.000 iniciados de segundo grado, entre 2.000 y 3.000 iniciados de tercer grado, 450 iniciados de cuarto grado, y 63 Maestros.

Karma – la Ley de Causa y Efecto

P. Usted ha dicho que antiguos nazis se han encarnado en Israel. Parecería que continúan con el mismo patrón de sus vidas previas –opresión y maltrato de otros con motivación racista, apoderándose de la tierra para el grupo 'elegido'. ¿Cómo ayuda la Ley del Karma a las almas individuales a aprender y evolucionar de esta forma?

R. La Ley del Karma no ayuda a las almas individuales a aprender y evolucionar de esa forma. Por supuesto la Ley del Karma está funcionando en el desplazamiento de estos militares nazis y otros líderes, que están actuando en Israel como lo hubieran hecho en Alemania en su anterior encarnación.

Es a causa de su estructura de rayos y debido a que se encuentran en una situación similar. Ellos se consideran israelíes. No creo que sepan que fueron nazis. ¿Conocen su anterior encarnación? No. Ellos sencillamente interpretan los problemas del momento. Los problemas para ellos es que Israel es visitado una semana sí y otra no por hombres y mujeres jóvenes que se hacen estallar cuando suben a un autobús o entran en una cafetería, y matan israelíes. Los israelíes odian esto. Ellos odian la imprevisión de esto. Se trata de uno de los terrores del terrorismo.

¿Cómo ayuda la Ley del Karma a las almas individuales a aprender y evolucionar de esta forma? Eso es ver las cosas desde un punto de vista idealista. La Ley del Karma no está involucrada en idealismo. La Ley del Karma es una ley muy benigna, que uno mismo ha puesto en funcionamiento y que te trae los acontecimientos que has iniciado. Cuando piensas, creas formas mentales. Tus acciones crean causas. Estas causas tienen efectos. Los efectos son lo que experimentas. Constituyen tu vida, para bien o para mal. Esa es la Ley del Karma, y muestra la necesidad de la inofensividad en toda situación. Eso es lo que las personas no saben.

"¿Ayuda la Ley del Karma a las almas individuales a aprender y evolucionar de esta forma?" Esta personas se encarnaron en Israel en relación probablemente a los miles de judíos en Alemania que asesinaron, oprimieron de todas las maneras. Crecieron odiando a los judíos por cualquier razón. Fue el objetivo de Hitler eliminar a todos los judíos del mundo si podía llevarlo a cabo. No pudo hacerlo, pero los nazis eliminaron a unos 6 millones en Europa. Son responsables, y ahora han regresado como judíos.

No es aprender a evolucionar. Es la Ley de Causa y Efecto, es decir, karma. Están viviendo como las mismas personas a las que tanto odiaron y oprimieron en su encarnación anterior. También traen consigo la cualidad de su estructura de rayos, las energías que utilizaron, que le dieron poder en Alemania. Estas personas no eran los mandatarios, sino los subordinados en los SS y el ejército. No son tan solo casos sueltos, sino que hay muchos. Un gran número de nazis también se encarnó en Argentina y otros lugares, incluyendo EEUU.

P. ¿Podría decir algo sobre la correlación entre la liberación de las Fuerzas de la Materialidad y las repercusiones kármicas de las personas a través de las cuales trabajan? ¿Es la energía del Anticristo y la energía de las Fuerzas de la Materialidad una y la misma?

R. Sí, son una y la misma. Hitler ya no está en encarnación, él está en lo que los cristianos denominarían purgatorio. Cuánto tiempo permanecerá allí, no tengo idea, pero será un tiempo largo. Existe una correlación directa con el efecto maléfico que una persona tiene a través del trabajo con las fuerzas de involución. Cuanto mayor sea el impacto de ello en el mundo, mayor será el karma de esa persona.

Existen algunas personas que no son esencialmente malvadas, pero podrían ser iniciados de segundo grado, como Stalin. Stalin no era malvado. Él era de cierto modo 'gris', no 'negro'. Él fundamentalmente no trabajaba con el mismo tipo de energía. Él trabajaba para un ideal, de lo que él pensaba era para beneficio de Rusia.

Todos los desmanes que llevó a cabo contra individuos y millones de personas, lo hizo para una causa 'mejor', la causa de su idea de la nueva Rusia. Posee un idealismo que uno puede separar del claro y simple mal de las fuerzas que trabajaron a través de Hitler y compañía. Yo no incluyo a Stalin en ese grupo, pero él es gris. Es un uso incorrecto personal del poder, y una falta de reconocimiento de la diferencia entre el bien y el mal. Mientras que Hitler (también un iniciado de segundo grado), estaba literalmente obsesionado por las fuerzas, como también lo estaba en un menor grado Mussolini en Italia. Pero la correlación siempre tiene que hacerse con la cantidad de energía empleada.

Un iniciado de segundo grado podría tocar el 'lado oscuro' de una forma experimental, buscando 'diversión', por algo interesante, por curiosidad, sabiendo que no es lo que se tiene que hacer, pero no obstante siendo tentado por ello. Un iniciado de segundo grado es bastante elevado, pero aún no perfecto. No es que un iniciado de tercer grado sea perfecto, pero un iniciado de segundo grado no está 'Cristiado', no completamente de lado de la Luz. Podría ser ambas cosas, y ser utilizado por ambas.

Ese es el problema de algunos iniciados de segundo grado. No saben dónde se encuentran. No saben exactamente aquello que desean. Stalin deseaba poder. Él deseaba una buena vida para el pueblo ruso, pero estaba obsesionado por su propia capacidad de proporcionarla. Él no podía, sin tomar las decisiones equivocadas sobre sus camaradas y el pueblo de Rusia, pero sus objetivos no eran malvados. Esa es la diferencia.

Tiene que ver con el propósito. ¿Cuál era el propósito detrás de la acción? Si el propósito es malvado, entonces la acción es malvada. Si el propósito es bueno pero el resultado es malvado, existe probablemente menos energía invertida y utilizada en el proceso, así que el resultado kármico sería menor.

P. ¿Experimentamos vidas en las cuales recibimos los resultados de nuestras previas acciones?

R. Por supuesto. Vuestras previas acciones constituyen vuestras vidas. Eso es exactamente lo que hace el karma. La forma en que se dirige ahora nuestra vida es el resultado de las acciones que hemos realizado en el pasado y ahora. No es sólo el pasado. El karma es una ley dinámica que se relaciona con cada acción que realizamos. No nos detenemos de realizar acciones sencillamente porque renacemos. Volvemos a comenzar nuevamente, y lo hacemos muy asiduamente. Si son buenas acciones, producen buen karma. Si son acciones destructivas, producen dolor y sufrimiento.

¿Sufrirán estas personas? El sufrimiento que han causado, ellas lo sufrirán. El sufrimiento que alguna otra persona ha experimentado como resultado de sus acciones, ellas lo sufrirán de una forma u otra. No es una ley mecánica, pero es una ley exacta. Es como si los Señores del Karma sopesaran la cualidad de la energía invertida del pensamiento o acción, y regresara a ti de igual forma. Muchas de las personas que son asesinadas en el mundo están resolviendo una situación kármica.

P. Nuevo karma se está creando todo el tiempo, ¿correcto? No podemos sencillamente suponer que esta persona mató a otra persona en otra vida.

R. No podemos suponerlo, no.

P. ¿Cómo podemos saber qué está realmente sucediendo entonces? No podemos saberlo. No podemos suponer que el karma es siempre sólo lo que sucede en esta vida. Alguien sencillamente podría estar haciéndole algo a uno o a otra persona por primera vez.

R. Precisamente. Es un proceso dinámico. Estamos tratando con una situación dinámica. Exista karma antiguo y karma nuevo, uno al lado del otro, en la conciencia de todos. Por supuesto, existe una primera vez para todo.

P. Entonces, ¿cómo finalizará?

R. No existe un final. Tiene que haber una resolución del karma. Por ejemplo, conozco a una mujer que en su vida actual sufrió abusos sexuales por parte de su padre, que se repitieron hasta que cumplió los 14 o 15 años. Eso fue el resultado directo del hecho que en la vida anterior ella fue el padre y el padre fue la hija, que sufrió abusos sexuales por parte de la hija (actual). Eso fue el resultado de una vida aún anterior en la cual el padre fue el padre y la hija fue la hija. Se trata del intercambio sucesivo de relaciones durante tres veces. He formulado la pregunta que me acaba de formular, y mi Maestro dijo: "Se resolverá en esta vida. Es improbable que vaya más allá de esta vida". Eso es karma.

P. ¿Puede resolverse a través del perdón?

R. El perdón es una de las principales leyes que mitigan y reducen la fuerza del karma. El karma es una Ley y actúa impersonalmente. Existen cuatro grandes Señores del Karma que accionan esa Ley, pero si el perdón está presente en la persona que ha sufrido el daño, eso puede mitigar inmensamente el resultado de la Ley. Podría ser que no totalmente, pero depende en la totalidad del perdón. No todos somos Jesús.

P. ¿Qué hay de las personas que se perdonan a sí mismas?

R. Eso es algo diferente. Perdonarse a uno mismo no tiene nada que ver con el karma. Se trata de culpabilidad.

Una de las principales labores de Maitreya es eliminar la culpabilidad de la humanidad. Las personas sienten culpabilidad por ninguna razón. Se sienten culpables porque son demasiado serias, o porque asumen los problemas de otras personas, el odio de otras personas, la falta de amor de otras personas, o cualquier cosa que sea. Las personas sienten culpabilidad, especialmente los niños. Los niños cuyas familias se rompen, sus padres y madres se divorcian, a menudo se culpan a sí mismos de la ruptura de sus padres, tan traumático es para ellos. Piensan que no amaron suficientemente a sus padres, o que no fueron 'buenos', o que hicieron 'cosas malas'. No tiene nada que ver con los niños, por supuesto. Es la sensibilidad de un niño no culpar a su padre o madre sino a sí mismo del hecho de que el padre y la madre ya no vivan juntos.

Eso está relacionado con el perdón de uno mismo. Las personas no se perdonan a sí mismas porque están apegadas al resultado de sus acciones. No puedes alterar el pasado. El pasado es el pasado. Lo que puedes alterar es tu apego al pasado. Cuando tu apego está fijado en tu acción o no acción en relación a una persona fallecida, por ejemplo –no cuidaste lo suficiente de ella, o no fuiste lo suficientemente amable, o lo que sea– entonces te sientes culpable. Ellas fallecen y tú sientes culpabilidad por no haber sido más simpático o más amable. No hay nada que puedas hacer al respecto. Quizás ni siquiera sea cierto, pero ese es el sentimiento que tienes porque han fallecido. Ya no puedes decirles lo que podrías haberles dicho fácilmente y que les hubiera hecho sentirse mejor.

Si te apegas a ello, te apegas a la culpabilidad. Podrías continuar culpándote durante años, por no haber hecho lo que sientes que podrías haber hecho por esta persona. Eso es apego, algo negativo. El apego reteniendo alguna parte de tu energía y atención. Tu psique está fijada allí en donde debería ser libre. Ya no eres libre si estás apegado incluso a algo en que sientes, "Pero debería haber hecho…" Quizás debería haberlo hecho, pero no puedes cambiarlo ahora que la situación ha cambiado. Tienes que aprender a renunciar al pasado, a dejarlo estar, a avanzar. No te cuelgues y te apegues a algo que no puedes corregir. Se ha ido.

P. ¿Es cierto que posiblemente este sentimiento de apego se debe a que deberíamos responsabilizarnos kármicamente de estas cosas?

R. Podría ser si conoces la Ley del Karma. Eso bien podría ser el caso. Pero normalmente no pienso que así lo sea, excepto si crees que Dios te está observando todo el tiempo, agitando Su dedo. Aprendes pronto cuando has sido 'malo', cuando no has sido simpático, cuando no has sido amable, que Dios estaba observando. El mundo entero es educado con esta fantasía. ¡Dios tiene demasiado que hacer para estar observando a los niños decir mentiras!

Problemas religiosos

P. En los libros de Alice Bailey el Maestro Djwhal Khul dijo que detrás de cada problema en el mundo existía un problema religioso. ¿Cómo se solucionará este problema –Él dijo que llevaría mucho tiempo?

R. Eso es un hecho. Llevará mucho tiempo. Es cierto que detrás de casi todas las guerras y luchas que se libran en el mundo existe una división religiosa. No debería haber ningún problema en una división religiosa. Han existido lugares donde cristianos, judíos y musulmanes han vivido juntos en paz durante cientos de años. España es uno de ellos. La división religiosa podría estar allí, pero tan pronto como surge un problema externo, por ejemplo a nivel político/económico, entonces la división religiosa aflora y toma la prioridad. Es tratar con las creencias religiosas de las personas que, para muchos, es el lazo emocional más poderoso que tienen.

Cuando India se dividió hubo masacres terribles. Trenes atestados de indios (hindúes) eran masacrados por los musulmanes, mientras se estaba creando Pakistán. Ellos vinieron de la India y estaban acostumbrados a ser indios pero no eran hindúes, eran musulmanes. Así que había conflicto entre musulmanes e hindúes más que entre India y Pakistán. Luego Bengala, que formaba parte de Pakistán, se vio involucrada y, nuevamente, hubo conflicto entre musulmanes e hindúes. Luego se creó Bangladesh y sucedió lo mismo.

Siempre que las presiones político/económicas no puedan resolverse con relativa facilidad, siempre se convierte en una división religiosa. Y continuará. Fue y sigue siendo así en Irlanda del Norte, aunque la lucha se ha detenido; es así en Nigeria y en otros lugares de África. Será la última de todas las grandes intolerancias del mundo en resolverse. Las creencias religiosas de una persona están más cercanas a ella que cualquier otra cosa, que es otra forma de decir que la relación de la humanidad con lo que denominamos Dios es más fuerte de lo que admitimos. Es el pensamiento más poderoso en las mentes de la mayoría de las personas en el mundo. Sólo los sofisticados intelectuales de Europa y de otros pocos países tienen un punto de vista más amplio y no están comprometidos con ninguna religión en particular. Sólo si has abandonado la religión temprano en tu vida tienes esta postura. De otra forma el temor de ser separado del país que identificas con tu religión es enorme. Hasta que aprendamos a ser más tolerantes, esto continuará.

Existen tres grandes vinculaciones de la humanidad: política, económica y religiosa, que si se manipulan erróneamente se convierten en una ideología corrupta o en totalitarismo. Existen las ideologías políticas: demócratas, fascistas, comunistas, etcétera. El totalitarismo político ha menguado y está realmente decayendo. El totalitarismo económico actualmente está desenfrenado. Eso es lo que Maitreya abordará más que cualquier otra cosa porque es la clave para los demás, para la tolerancia que se necesita para tratar con los demás. El último en irse, pero que ahora está en la cima de su poder e influencia, es el totalitarismo religioso. Si te encuentras en la cima sólo existe un camino para avanzar, y es hacia abajo. Gradualmente su influencia disminuirá, pero llevará tiempo.

Presentando la información al mundo

P. ¿Podría darnos cualquier consejo general sobre cómo hablar al público?

R. Las personas se preguntan cómo uno debería hacerlo –cómo uno puede hablar de tal manera que capte su atención y les conmueva, hablando desde el corazón, haciéndoles entender lo que uno está diciendo sobre las brechas entre el mundo desarrollado y el mundo subdesarrollado. Pienso que la clave de ello, aunque os podría no gustar oírlo, es hacerlo mucho, hablar mucho. No hay manera, si hablas una vez al año, que consigas mucha práctica hablando. No puedes practicar tus diferentes cualidades. No puedes hacer que funcionen activamente porque no les das la oportunidad. Si hablas, tienes que hablar de forma regular, no me refiero a cada día, ¡pero días alternos estaría bien! Cuanto más lo haces mejor consigues hacerlo.

P. Lo que Maitreya es como el Señor del Amor y la Compasión se me reveló de la forma más profunda en su conferencia. ¿Deberíamos como grupo enfocar nuestros esfuerzos en el trabajo de una forma más centrada en el corazón?

R. Sí, por supuesto. Pero no es como si escogieras: "Hoy voy a estar centrado en el corazón. Ayer estuve muy cerebral, e impartí una conferencia maravillosa. Hoy impartiré una conferencia centrada en el corazón. Llegará a personas diferentes. Será más eficaz en cierta esfera, menos eficaz para los cerebrales, pero los centrados en el corazón..." Cuando impartes una conferencia, utilizas todo lo que tienes. Es corazón y cabeza. No es más centrada en el corazón. Todos los que difunden este mensaje tienen que estar centrados en el corazón. No lo puedes realizar de otra forma. Eso no quiere decir que no tengas 'coco' [cerebro]. Lo traduces en palabras que las personas puedan comprender, que les afecten, que les hagan pensar. Utilizas todo lo que tengas disponible en ti para hacerlo. No dices: "Soy una persona tan de corazón. Sólo puedo hablar desde el corazón y todo lo que hago viene del corazón". No es así. Simplemente hablas y el corazón está involucrado, de otra forma no estarías en este trabajo. Tu cerebro y mente están involucrados, de otra forma no estarías impartiendo la charla. Cuando impartes una charla, todo tú está involucrado.

Si lo haces desde un nivel de concentración suficientemente elevado, descubrirás que tu intuición funciona. La intuición es la voz del alma. Es tu alma tomando el control, utilizando el equipamiento de tu cerebro para la estructuración de las ideas.

Las ideas y los pensamientos que realmente cuentan con una audiencia te permiten elevarte por encima del aburrimiento fundamental de decir lo mismo una y otra vez, porque eso es lo que estamos haciendo. He estado diciendo lo mismo durante 30 años, no obstante las personas piensan que cada vez que lo escuchan, es diferente. Lo dices como lo sientes. Lo dices con tu intuición. Si utilizas tu facultad intuitiva, descubrirás que estás diciendo cosas que sabes que son ciertas pero que nunca habías pensado o dicho antes. Pero sabes tan pronto como lo has dicho de que es cierto. Es así porque tu intuición está funcionando, y sólo puedes permitir que funcione cuanto estás tanto relajado como centrado, centrado alto en la cabeza.

P. ¿Cómo podemos traducir nuestra información para que las personas puedan relacionarse con ella? ¿Cómo podemos hacerla más real o más accesible para ellas?

R. Las apariciones personales, charlas en radio y televisión, éstas son las armas, el *modus operandi* de contactar al mundo y contar una historia. Como he dicho, cuanto más lo haces, serás mejor en ello. Y cuanto más lo hagas, más disfrutarás con ello.

Si estás interesado, lo harás interesante. Si estás interesado en el tema y las ideas y los adoptas, dilos como si fueran tuyos propios y relaciónalos con el mundo, relaciónalos con la realidad, y no como ciertas cosas descafeinadas, entonces inevitablemente tu audiencia responderá. Pero tienes que hacerlo, y disfrutarlo. Tienes que olvidarte de ti mismo y olvidarte de que eres tú el que lo está haciendo y sencillamente hacerlo. Aprende a hacerlo. Eso significa que lo hagas a menudo.

Ésta es la mayor historia del mundo. Nunca es demasiado pronto para hablar sobre cosas importantes como la Reaparición del Cristo, por primera vez en Su propia y plena presencia física en el mundo, no un adumbramiento de un discípulo. Esto no ha sucedido jamás y nunca más volverá a suceder. Es la culminación de 98.000 años de experiencia y vida detrás de la escena, como lo han hecho los Maestros todo este tiempo. Es un momento sin precedentes en toda la historia del mundo

Hemos recibido la mayor historia que nunca se ha dado a ningún grupo para hablar de ella. Es invaluable, maravilloso. Tiene tantas ramificaciones y está tan cercano a las necesidades de la humanidad. Puedes juntar los diferentes hechos que la convierten en la más fascinante de las historias. A los periodistas les encanta.

A las personas les encanta que se las entretenga. No temas hacer una broma si puedes pensar en una broma. Mejor aún deja que la broma venga. Si viene, aprovéchala, preséntala.

P. ¿Podría explicar por qué el desapego es tan importante al presentar la información?

R. Diría que la cuestión del desapego es central tanto para la comprensión del papel de los grupos para presentar esta información al mundo, y para trabajar al límite de las propias capacidades, interna y externamente, aprendiendo a estar desapegado sin estar aislado. Ésta es la clave, pienso, de la afirmación que realicé sobre una visión del corazón de Maitreya, cargado de toda la angustia, el dolor y el sufrimiento, la miseria, la desilusión, el anhelo, de miles de millones de personas, y al mismo tiempo ser capaz de ser divertido, alegre al extremo, espontáneo en Sus relaciones con las personas con las que se encuentra en la calle.

En una experiencia en unas de las revistas recientes de *Share International*, por ejemplo, una mujer descubrió que se le pedía por tercera vez 65 centavos de dólar. Ella comenzó a volverse un poco molesta porque la primera vez lo había dado gustosamente, la segunda vez lo dio quizás con un poco más de resistencia, y esta vez ella dijo: "¿Por qué siempre son 65 centavos de dólar?" Sesenta y cinco céntimos es tan específico, pero no se relaciona con nada, quizás un sello de 65 céntimos y eso es todo lo que hay. Maitreya dijo (era Maitreya quien pidió los 65 céntimos): "Es un regalo de Dios". Ella dijo: "¿Sesenta y cinco céntimos un regalo de Dios?" Él respondió: "En realidad son 70 céntimos". Ella se divirtió tanto por la rápida respuesta que se los dio, no dijo cuánto, pero al menos 65 céntimos. Entonces ella comprendió que Él le estaba dando la oportunidad de dar, de aprender a dar. Muchos norteamericanos, en mi opinión, son buenos a la hora de dar. Poseen una enorme generosidad, pero un número igual de norteamericanos, y esto se aplica igualmente en todo el mundo desarrollado, generalmente, son tanto generosos y más bien tacaños. Tacaño es un término que significa no gustar de compartir el dinero, especialmente con un extraño que te está pidiendo 65 céntimos por tercera vez. Él le hizo comprender a ella que se trataba de un regalo, la oportunidad de dar un regalo, incluso si sólo eran 65 céntimos. Eso se convierte a ojos de Dios como un regalo a uno mismo.

Pienso que las personas no comprenden suficientemente esta cualidad que los Maestro poseen en tal abundancia. Es una generosidad de corazón, de espíritu. Ellos comprenden que dar es divino. Si alguien necesita recibir, es un gesto divino dar. Maitreya parece siempre volver a esto, regresando como un mendigo una y otra vez, pidiendo 65 céntimos o 2 dólares.

Una vez me encontré con Él cuando me pidió 2 dólares. Él apareció como un joven bien vestido en Berkeley, California, que parecía que no necesitaba especialmente 2 dólares. Él dijo que era para gasolina, para su furgoneta. Miré a ambos lados de la calle y no divisé ninguna furgoneta. No me importaba para nada darle los 2 dólares, pero pensé mientras se los daba, que difícilmente serían para su furgoneta. ¿Cuánta gasolina puedes obtener con 2 dólares?

P. ¿Cuál será el efecto del emerger de Maitreya en los grupos de la Reaparición?

R. En primer lugar, será estimulante. Su presentación obviamente pondrá fin al trabajo de hacer saber el hecho de la presencia de Maitreya en el mundo.

No cabe duda de que se exigirá un tremendo esfuerzo educativo de los grupos porque las personas de todas partes querrán saber. Tendrás que estudiar si aún no lo has hecho. Muchas de las preguntas serán sobre Jesús, y sobre aquellos alrededor de Jesús y Su madre. Nada de las cosas actuales que podrían ser de interés para las personas. Querrán saber: "¿Se casó Jesús realmente con María Magdalena? ¿Tuvieron hijos? ¿Cuántos y cómo les llamaron? ¿Están algunos de ellos por aquí ahora?", etcétera. Las personas son insaciables sobre tales preguntas. Tendréis que realizar mucho trabajo, especialmente educativo. Pero también existe un mundo que salvar y los grupos pueden involucrase en ese trabajo.

P. Norteamérica es tan diversa y grande, necesitamos desarrollar más participación local activa. ¿Podría por favor hablar sobre la importancia de la iniciativa local y de trabajar como un grupo?

R. La participación local es la necesidad número uno. Eso es democracia. Los políticos hablan sobre democracia, pero realmente no hay mucha democracia. Son los que toman las decisiones, y son el gobierno. De esta forma, se socava vuestra democracia.

La democracia es democracia no sólo a través de la votación sino a través de la participación. Cuanta más participación haya, una mayor democracia es una realidad. Hasta que eso suceda sólo podemos decir que existe una tendencia hacia la democracia, no una democracia en el mundo. Si deseas democracia, tienes que participar. Eso significa acción. Eso no significa ceder la participación a otras personas, debes hacerlo tú. A nivel local cuanto más hagas, más efectivo podrás ser. Si participas como un grupo a nivel local, tu efecto a nivel local podrá ser mucho más positivo, en realidad mucho más efectivo de lo que pueda resultar en el abstracto nivel de la política nacional e internacional. Es muy difícil para una persona cambiar las acciones de un gobierno, pero no es imposible para una persona tener un fuerte impacto en un grupo a nivel local. Esto está sucediendo todo el tiempo. Las personas con algo que decir, con ideas que la comunidad piensa que son buenas y prácticas, están cambiando la vida en todos los países del mundo. Está sucediendo tanto si somos conscientes de ello como si no.

En cada país, a nivel local, está teniendo lugar un gran cambio. Cada vez más personas están tomando decisiones sobre sus propias vidas. Lo están haciendo en Oriente, en países en los que hasta ahora nunca habían tenido ninguna representación real, menos aún participación. Aquí en EEUU tenéis representación pero no mucha participación, excepto en un sentido muy local. Deseáis hacer el mejor uso de ello. Existen todo tipo de grupos que trabajan de una forma participativa en educación, vida comunitaria, deportes, etcétera.

Nuestro tema es la Reaparición del Cristo, no el deporte o el trabajo comunitario, aunque podría suponer trabajo comunitario. Si trabajas a nivel comunitario, podrías encontrar muchos más partidarios de los que podríais imaginar. Seríais capaces de abordarlos uno a uno. No hay nada como una interacción uno a uno, cara a cara para traer las ideas de la Reaparición, y todo lo que eso significa en términos de transformación mundial, a la conciencia de otra persona. Están más abiertas cuando les hablas, y tú eres más persuasivo cuando lo haces, ¡siempre que seas persuasivo sin ser intrusivo!

Si trabajas con un grupo, eres más efectivo. El trabajo grupal es el trabajo del futuro. Las energías acuarianas sólo pueden reconocerse, absorberse y utilizarse en formación grupal. Descubriréis grupos creándose durante los próximos cientos de años. Cuando eres un grupo, se potencia toda la acción que los individuos invierten en el grupo. Es una forma muy potente de trabajo.

No es casual que siempre que la Jerarquía comienza algo, Ellos crean un grupo. Ellos contactan con una persona y les proporcionan un grupo, o les proporcionan los medios para contactar con un grupo, y luego ese grupo trabaja junto. Esa es la razón de que tengáis la Sociedad Teosófica, la Escuela Arcana y nuestros grupos por todo el mundo que trabajan para el emerger de Maitreya y los Maestros. El trabajo grupal es la respuesta.

P. ¿Puede aconsejarnos usted o los Maestros algo específico que nos ayudara a divulgar mejor la información en este momento concreto?

R. Sí. Más divulgación. Más de lo mismo, o un poco mejor de lo mismo. Si habéis estado flaqueando, quizás lo habéis estado haciendo, quizás colocando las banderas incorrectas –demasiadas banderas de bandas y estrellas y no suficientes de las Naciones Unidas. Tenéis que expandir vuestros horizontes y dejar de pensar en vosotros mismos, es decir, Norteamérica. Pensad en el mundo y el impacto de Norteamérica en el mundo actualmente. Tenéis que ampliar vuestro concepto de lealtad y dárselo al mundo en su conjunto. En términos prácticos, estamos hablando de Naciones Unidas –no el Consejo de Seguridad, sino la Asamblea General, que engloba casi la totalidad de países del mundo.

P. Usted mencionó que era la intención de que estuviéramos aquí, que nuestro karma es estar en estos grupos. ¿Me preguntaba si esto se refería a todos o sólo a unas pocas personas?

R. Existe un grupo involucrado en realizar el contacto inicial con el público sobre la información del retorno del Cristo al mundo. Ese grupo lo componen entre 4.000 y 5.000 personas que se han encarnado en este momento, relacionadas kármicamente, no con la Reaparición del Cristo, por supuesto, sino entre ellos en relación con la Jerarquía. Se les ha otorgado esta oportunidad kármica (eso es lo que es, una oportunidad kármica) para superar el karma de su pasado, las limitaciones que eso ha fijado en su evolución, y 'hacer un trato' con el Cristo. Realizar el trabajo de preparar el camino para el Cristo, creando el clima de expectación, para que Él pueda entrar en nuestras vidas sin infringir nuestro libre albedrío, presentando no al Cristo sino las palabras, las ideas, las preocupaciones del Cristo, al mundo antes de Su presencia física abierta. A cambio, Él da a los grupos Su bendición y enciende dentro de ellos un fuego que, al hacerse cada vez más candente, le impulsa hacia delante en la evolución.

Eso es lo que está sucediendo. Ese es el trato que todo aquel involucrado en este trabajo, tanto si son conscientes de ello como si no, han llegado con el Cristo. Él les está dando la oportunidad de servir, una oportunidad que es increíble. Yo probablemente no conozca cuál es la profundidad de la realidad de esa afirmación, pero puedo deciros que es una oportunidad que es presentada ahora al mundo y que nunca más se repetirá porque la Jerarquía está de vuelta en el mundo. La próxima vez será una historia diferente, una situación diferente. Los Maestros conocen a las personas y saben que esta persona es segura, es seguro que lo van a hacer. Van a trabajar todo lo que puedan. Esta otra, bueno, van a esforzarse lo mejor que pueden de una forma calmada. Y estas otras, bueno, existe un interrogante sobre si lo van a hacer o si no, pero si poseen el sentido común aprovecharán la oportunidad, lo llevarán a cabo.

Precisamente de eso se trata, la oportunidad es presentada pero no se infringe el libre albedrío. Se presenta como un regalo de servicio al grupo. Alguien tiene que hacerlo. Cuentan con algo más que 4.000 personas, que no suena a mucho en una población de 6.500 millones de personas, pero todas están relacionadas con la Jerarquía de alguna forma. Todos son discípulos o aspirantes al discipulado.

Es una oportunidad presentada a personas que tienen algo en común, una relación kármica. Esto resulta del hecho de que son discípulos, o aspiran a ser discípulos, apuntando a un status iniciático. Así que son miembros –a un nivel bajo, por supuesto– de la Jerarquía, y se les ha dado la oportunidad de servir en este plan de realizar la aproximación inicial a la humanidad sobre la 'historia' de la Reaparición y todas las partes relacionadas que la componen. Nunca se haría exceptuando por las exigencias del momento. Forma parte de la buena fortuna (sólo que no es un asunto de fortuna) de las personas involucradas de que hayan hecho lo suficiente en sus vidas previas. ¡Simplemente considérate afortunado de escuchar sobre la historia, afortunado de tener la oportunidad de trabajar con ella, de hacerla propia y de ser uno de los valientes 4.000!

P. ¿No existen otros discípulos que podrían estar trabajando como usted para hacer conocer la presencia del Cristo?

R. Existen cinco personas que uno podría haber pensado que serían clave dentro de las 4.000 personas involucradas en este trabajo en todo el mundo: una en Nueva York, yo en Londres, una en Ginebra, una en Darjeeling, una en Tokio, todas escogidas para ser los primeros presentadores. Alrededor de ellos se reunirían más, para así convertirse en un suceso mundial. Esta información procedería desde cinco puntos de todo el mundo desde Nueva York hasta Tokio, un plan brillante, excepto que la persona de Nueva York no cree. Él ha estado en mis conferencias varias veces pero no se cree la historia. Yo soy el de Londres. El de Ginebra, al igual que el de Nueva York, no se cree la historia. Ambos son místicos cristianos, influenciados por personas como Steiner que falleció antes de que el plan que sería el Cristo mismo se hubiese ultimado. Steiner estaba convencido de que el Cristo no podía regresar en un cuerpo físico y pensó que cuando el Principio Crístico se despertara lo suficiente en los corazones de los hombres, entonces podríamos decir que el Cristo está en el mundo. Éste es sólo un aspecto de la Reaparición del Cristo. Las personas que siguieron a Steiner cerraron sus mentes a la mismísima posibilidad de la Reaparición del Cristo como un hombre físico en el mundo, bastante alejado de todos los 40 o así Maestros que también vienen.

El hombre en Darjeeling todavía duerme; y la que está en Tokio es una mujer que cree que *ella* es Maitreya, así que no están realizando muy buena labor. Éste no es un fallo de la Jerarquía, porque Ellos simplemente presentan la oportunidad de servir. Todos los discípulos tienen el libre albedrío y el derecho a no aceptar el trabajo.

Debemos hacer que suceda. Tenemos que 'hacer ruido' en el mundo que haga comprender a las personas que esto está sucediendo, y así crear el clima de esperanza, de expectación para que tenga lugar, y así elevar la esperanza de la humanidad, que está desesperada. Tienen que tener esperanza en el futuro, y nada les confiere tanta esperanza como el pensamiento de la Reaparición del Cristo o el Imán Mahdi o Maitreya Buddha o Krishna. Les eleva la moral y alivia su ansiedad y tensión.

P. Ésta es una pregunta sobre la diversidad al presentar la historia de la Reaparición. Si es cierto que otros veteranos discípulos se negaron a presentarla al público, entonces quizás la historia hasta ahora sólo ha sido presentada desde una perspectiva, es decir, como una continuación del trabajo de Blavatsky/Bailey. ¿Podría por favor comentar sobre esto?

R. Cierto realmente, así ha sido, pero yo nunca he dicho que estas otras cuatro personas fuesen veteranos discípulos. Dije que se trataba de otros cuatro discípulos. No dije que ninguno de ellos fuese veterano. Existe una diferencia. Ninguno de ellos estaba en contacto con un Maestro. Si lo hubiesen estado, probablemente hubiesen actuado como yo lo hice. Si yo no hubiese estado en contacto con un Maestro y hubiese recibido la información como ellos probablemente lo hicieron, quizás tampoco hubiese actuado. Pero yo tenía un Maestro diciendo: "Sigue, sal y dilo al mundo".

No tenéis ni idea de cuán difícil fue. No era para nada mi idea salir y hablar al mundo. Nunca lo hubiera hecho si no me hubiese visto más bien empujado a hacerlo. Así que no culpo a los otros por no haberse presentado. Es cierto, por tanto, que mayoritariamente ha llegado como una continuación de la información de Blavatsky/Alice Bailey, que yo creo es la correcta. Nunca la hubiese podido presentar de otra manera. Me sustento en las enseñanzas de Blavatsky y Alice Bailey, que yo creo son las enseñanzas directas de la Jerarquía. Yo sólo estoy interesado en aquello que creo es la verdad.

No obstante, existen otras maneras en las que se podría presentar esta información. Podrías ser un cristiano creyente. Estoy seguro de que muchas personas en los grupos son cristianos creyentes. Ellos podrían salir y hablar sobre esto como el regreso del Cristo, y no necesitarían referirse a Alice Bailey o Blavatsky o nada de la enseñanza impartida. Podría presentarse de muchas maneras diferentes. Yo no soy estas otras personas, así que no puedo presentarla en ninguna otra manera más que como lo hago. Pero estoy absolutamente seguro de que puede presentarse de otras maneras.

Por ejemplo, los musulmanes esperan al Imán Mahdi. Hubo dos pakistaníes que fueron enviados a Londres aproximadamente cuando Maitreya vino aquí. Ambos conocieron a un 'hombre santo', uno en Lahore y otro en Karachi. No se conocían entre sí y los hombres santos eran diferentes pero cada uno les contó la misma historia, que debían ir a Londres a preparar el camino para el Imán Mahdi. Un hombre era un periodista y estaba involucrado en política. Él dijo: "No, no puedo. Tengo mi trabajo, Soy un periodista y soy miembro del partido político del padre de Banazir Bhutto" (antes de que fuese asesinado). Él dijo: "Es imposible que pueda ir". El hombre santo le dijo meses antes que debía ir a Londres, y le dio cosas que había perdido años antes y conocía cosas sobre su familia que sólo su familia sabía. Él se presentó a sí mismo como alguien muy entendido. Él le dijo: "Si no vas, los acontecimientos se confabularan para forzarte a ir".

Lo mismo sucedió con el otro hombre, que era un abogado. Él dijo: "No puedo ir. Tengo mi propio bufete de abogados". El hombre santo dijo: "Si no vas, los acontecimientos se confabularan para forzarte a ir".

El resultado fue que el Sr. Bhutto fue asesinado y cualquier persona relacionada con él se convirtió en sospechosa. Buscaban a miembros del partido de Bhutto. No conozco qué posición ocupaba el periodista, pero estaba bien relacionado en el partido. Él tenía un hermano que vivía en la comunidad asiática de Londres. Renunció a su trabajo y se fue a Londres, y consiguió un trabajo como periodista en un periódico pakistaní.

El abogado, mientras tanto, presenció cómo su negocio fracasaba, y antes de caer demasiado bajo, lo vendió para el bien de su bufete y también se fue a Londres. Estos dos hombres no se conocían entre ellos, y no se conocieron hasta que publiqué un anuncio a página completa en uno de los periódicos en la comunidad asiática de Londres, diciendo que el Mahdi había regresado al mundo y que vivía en la comunidad asiática de Londres. La información se difundió por la comunidad. Estos dos hombres de Pakistán la leyeron. Sucedió que el hermano de uno de ellos conocía al otro. Así que invitó a ambos, y descubrieron que habían tenido la misma experiencia. Cada una en diferentes ciudades, hombres santos distintos les habían dado exactamente las mismas instrucciones. Así que decidieron ponerse en contacto conmigo y me reuní con ellos.

Yo anuncié en mayo de 1982 que Maitreya estaba en la comunidad asiática de Londres, y que si reconocidos periodistas de calibre llevaban a cabo una búsqueda para encontrarle, Él se les presentaría. Yo esperaba que muchos periodistas extranjeros hicieran esto y les pedí a estos dos hombres que actuaran como sus guías en la más bien cerrada comunidad asiática, y ellos accedieron.

Sin embargo, el que era periodista simplemente esperó a que Maitreya le tocara en el hombro. El otro leyó todo lo que pudo sobre el Imán Mahdi, y en el proceso se convirtió en un musulmán fundamentalista. Desde entonces ha escrito un libro sobre la venida al mundo del Imán Mahdi.

Puedes presentar esta información a la manera cristiana, musulmana, budista. Maitreya Buddha es esperado por todos los budistas. Los budistas japoneses creen que aún faltan 5.670 millones de años para ello, así que no hay prisa. Puede presentarse como si se tratase de Krishna o Kalki Avatar, o como el Mesías judío. Todos se refieren a Maitreya, tanto si lo saben como si no.

Yo lo presento de la forma Jerárquica, que yo creo es la más informada, la más verdadera, la más profunda, la menos distorsionada. Todas las formas religiosas están distorsionadas en cierto grado. Les ha llevado cientos o miles de años para llegar hasta nosotros, y todas se han distorsionado. Toda escritura sagrada está descolorida en cierto grado. Sólo en la enseñanza esotérica, yo creo, recibes la información correcta.

Si estás en contacto con un Maestro, eso es lo mejor de todo. No necesitas ningún libro o ninguna otra enseñanza. Puedes hablar directamente y eso es lo mejor. Pero eso es poco común. Eso es realmente bastante poco frecuente.

Salvarnos a nosotros mismos

P. En la conferencia de Nueva York usted dijo: "Tenemos que salvarnos a nosotros mismos", seguido de un gran aplauso. Esto lo encuentro una gran expresión unificadora dentro del contexto de la Reaparición, contrarrestando algunas preocupaciones y/o proyecciones sobre el Instructor del Mundo como un salvador.

R. Existen dos aspectos en esta pregunta. Uno es el global, el otro, personal. Maitreya viene a inspirar a la humanidad para salvar el planeta, y a la humanidad de destruirse a sí misma. Es a través de Su enseñanza que Él busca inspirarnos a realizar el cambio. Ésta es la expectativa que la mayoría de personas tiene de él como un 'Salvador'. Pero tenemos que hacer el trabajo nosotros mismos. Como él dijo hace mucho, cada piedra, cada ladrillo debe colocarlo la humanidad misma: "Yo soy el arquitecto, sólo, del Plan, vosotros sois los dispuestos constructores del Templo de la Verdad".

El segundo aspecto tiene que ver con Su relación con cada individuo. En este caso Él no es un salvador sino nuevamente un instructor. Nosotros debemos salvarnos a nosotros mismos con la respuesta correcta a Su enseñanza. Ninguno más puede hacerlo, ni incluso Maitreya mismo. El Instructor del Mundo es un salvador, pero Él no viene a salvarnos. Él viene a enseñar, y es cierto que nosotros realizamos la salvación. Con la respuesta correcta a las enseñanzas, es decir, haciendo de las enseñanzas una fuerza dinámica dentro de nuestra vida, nos salvamos a nosotros. Salvar es saber. Cuando te conviertes, y eres, el Ser, te has salvado a ti mismo.

Se ha presentado al mundo a través de los grupos cristianos durante 2.000 años en términos de un Salvador que viene al mundo para salvar a la humanidad de los resultados de sus pecados. Pero no tiene relación con el pecado. Se trata de la transformación de uno mismo. Nos cambiamos a nosotros mismos y entramos en el *proceso* de ser salvados. Es un proceso por etapas.

Nos salvamos a nosotros en respuesta a las enseñanzas y sobre todo a la aplicación de las enseñanzas en uno mismo. Puedes oír enseñanzas y permanecen como enseñanzas, como lo han hecho durante 2.000 años para millones de personas. Las enseñanzas de Maitreya a través de Jesús, que las personas han oído y puesto en la Biblia, han sido desechadas o aún son relevantes actualmente como lo fueron, pero no han sido aplicadas.

Si no aplicamos las enseñanzas, si no son una fuerza dinámica dentro de nosotros, y por tanto una fuerza de cambio, no nos salvamos. Aplicadas correctamente, diaria, semanal, anualmente, las enseñanzas nos transforman, poco a poco. Nos acercamos a nuestra alma, asimilamos más la energía del alma en nosotros mismos, más de la luz del alma. Traemos más materia subatómica a nuestros cuerpos, cambiándolos, espiritualizándolos, y gradualmente perfeccionándolos. Eso es salvarse a uno mismo, crecer a semejanza del alma.

El alma busca expresarse a través de su vehículo, el hombre o mujer, pero ellos tienen que responder a las enseñanzas. Esa es la razón por la que viene el Instructor, a recordarnos una vez más sobre las Leyes: la Ley del Karma, la Ley del Renacimiento, la Ley de la Inofensividad. Tenemos que aplicar estas leyes correctamente, dinámicamente en nuestras vidas, no sólo como una idea que permanece en la cabeza pero que no hace nada. Si sólo es una memoria en el cerebro, no hace nada. Tenemos realmente que aplicarlo y convertirlo en una levadura para que nos cambie. Nos eleva y nos cambia. Tenéis que cambiar según las enseñanzas.

No es conocimiento per se. Es la respuesta instintiva a la dinámica de la enseñanza. Es un proceso, no sólo palabras, no sólo homilías, no sólo algo que recordar. No importa si lo recuerdas o no en términos de palabras. Importa si se convierte en un proceso activo en tu vida, y te conduce de conciencia despierta en conciencia despierta, de iniciación en iniciación, y finalmente a la perfección. Eso es ser salvado, y nadie puede hacerlo sino tú mismo.

Maitreya se presenta

Por el Maestro —, a través de Benjamin Creme

El emerger de Maitreya se ha casi consumado. Su trabajo abierto público comenzará realmente muy pronto. Desde ese momento comenzará el proceso de enseñanza y de hacerse conocer, gradualmente, a los pueblos del mundo. El tiempo que esto llevará sigue siendo incierto, pero debe ser relativamente rápido. Al principio, por supuesto, podría haber mucha oposición a Sus puntos de vista y a la naturaleza de Su consejo. Esto es de esperar, tan alejado del pensamiento predominante es Su pensamiento. Gradualmente, sin embargo, La mente incisiva de Maitreya penetrará y revelará los defectos de las actuales creencias sobre el medio ambiente y sobre temas sociales, económicos y políticos. La lógica y la sabia comprensión de Sus palabras convencerán a muchos a escuchar y a contemplar más allá, mientras Su Rayo penetrará los corazones de millones y convertirá Sus sencillas palabras en revelaciones de la Verdad. Nadie, de momento, conoce el poder amoroso de Maitreya, ni tampoco los hombres pueden entender Su sabiduría inescrutable.

Mientras millones se unen a Su causa, exigiendo paz y justicia a través del compartir y la comprensión, los hombres se levantarán y galvanizarán por una nueva esperanza y un anhelo de fraternidad y correctas relaciones. Ellos exigirán cambio a una escala hasta ahora desconocida. Los gobiernos y hombres de poder se verán forzados a responder a las exigencias, y poco a poco, la estructura contra el cambio se desmoronará ante la embestida de una voz de opinión pública ahora capacitada. Así, por la lógica, la revelación y la confianza engendradas por Su amor, Maitreya utilizará la buena voluntad que existe, aunque desconocida, en cada corazón.

Maitreya hablará a millones de hombres a través de la televisión y la radio. Todos tendrán la oportunidad de compartir Su bendición que acompañará cada aparición. Así las personas de todas partes se familiarizarán con Su mensaje y el estímulo de sus corazones. Mucha especulación rodeará Su identidad y muchas serán las teorías presentadas, pero todos a su propia manera le verán como el heraldo de lo nuevo, un portador de verdades integras y el presentador de un estilo de vida cercano a sus corazones.

Por supuesto, habrá aquellos que se sentirán amenazados por Sus ideas, y que intentarán detener Su progreso pero, cada vez más, la belleza y la sensatez de Sus palabras inspirarán a las personas de todas las naciones a verle como su portavoz y líder. Así será. Las personas le pedirán que hable en su nombre para todo el mundo, y el Día de la Declaración será anunciado.

Este día, como ninguno antes o después, proporcionará a Maitreya la oportunidad de revelar Su nombre, título y propósito, como el Instructor del Mundo para la Nueva Era, el líder de la Jerarquía Espiritual y el Esperado por todos los grupos religiosos. Como el amigo y el instructor de todos los que necesitan Su ayuda Él se presentará a sí mismo; como un hombre sencillo que conoce el dolor y el sufrimiento de los hombres y busca aliviar su suerte, que ama a todos totalmente, sin condición, y que ha venido a mostrarnos los pasos hacia la alegría.

Uno tal está a punto de presentarse al mundo y dar Su consejo a todos. Podríamos haber oído las palabras antes. Ahora, con Su bendición, comprenderemos su significado, y actuaremos.

(*Share International*, Enero/Febrero 2007)

La 'Mano' de Maitreya

Esta foto muestra la huella de la mano de Maitreya, manifestada milagrosamente en el espejo de un lavabo en Barcelona, España. No es simplemente una huella de mano sino una imagen tridimensional con detalle fotográfico.

Publicada por primera vez en la revista *Share International* (Octubre 2001), la 'Mano' es un medio para invocar las energías curativas y ayuda de Maitreya. Colocando la mano propia sobre ella, o simplemente mirándola, la curación y ayuda de Maitreya puede invocarse (sujeto a la Ley Kármica). Hasta que Maitreya emerja abiertamente, y veamos Su rostro, es lo más cerca que Él puede venir hasta nosotros.

"Mi ayuda está a vuestra disposición, sólo tenéis que pedirla."

Maitreya, el Instructor del Mundo, del Mensaje Nº 49

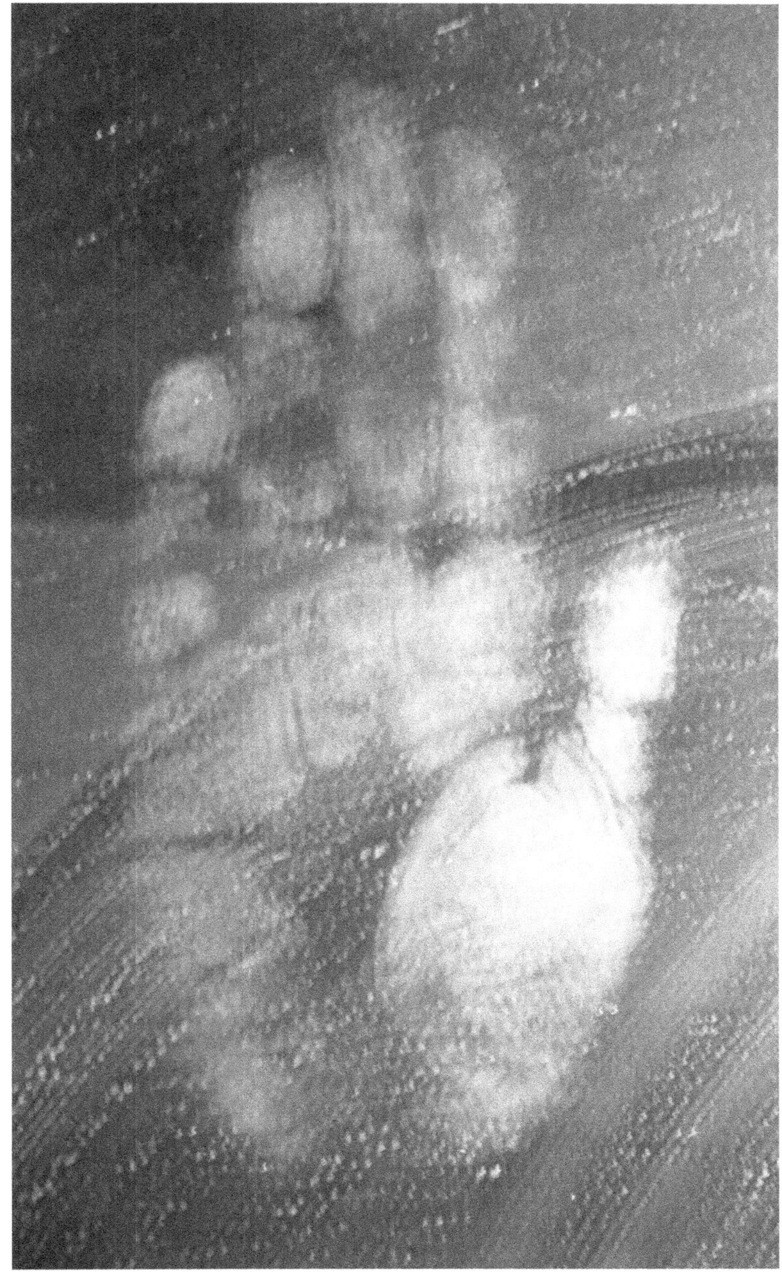

La agrupación de las Fuerzas de la Luz

Por el Maestro —, a través de Benjamin Creme

Importantes acontecimientos están teniendo lugar en muchos lugares del mundo. Las personas de todas partes se asombrarán de las noticias. Éstas incluyen avistamientos, en números sin precedentes, de naves espaciales de nuestros planetas vecinos, Marte y Venus en particular. Nada como esta incrementada actividad, sobre grandes zonas de la Tierra, se habrá visto antes. Aquellos que tenazmente han rehusado tomar en serio la realidad de este fenómeno tendrán dificultad en negarlo. Cada vez más relatos de contacto con los ocupantes de las naves espaciales añadirán su testimonio al hecho de su existencia. Sucesos milagrosos de todo tipo continuarán y se multiplicarán en número y variedad. Las mentes de los hombres quedarán perplejas y asombradas por estas maravillas, y esto les hará reflexionar profundamente.

A este mundo lleno de asombro y maravillado entrará Maitreya silenciosamente y comenzará Su trabajo abierto. Se le pedirá que contrarreste sus dudas y temores, que explique estos acontecimientos y Él certificará su validez. Estos acontecimientos extraordinarios continuarán incesantemente y harán que muchos profeticen el fin del mundo. Maitreya, sin embargo, continuará en Su simple sendero e interpretará diferentemente estos sucesos.

Así Maitreya animará a los hombres a ver la maravillosa amplitud y alcance de la vida, las muchas capas que el hombre poco sabe hasta ahora. Suavemente Él les introducirá poco a poco en las verdades de nuestra existencia, las Leyes que la gobiernan, y los beneficios alcanzados al vivir dentro de estas Leyes. Él familiarizará a los hombres con la inmensidad de nuestra Galaxia y mostrará que, en su momento, los hombres de la Tierra conquistarán el Espacio y el Tiempo. Él animará a los hombres a buscar dentro, como también fuera, las respuestas a sus problemas, y validará su constante conexión entre ellos y con el Cosmos. Él recordará a la humanidad de su larga historia y de los muchos peligros que el hombre ha superado. Él sembrará las semillas de la fe en nuestro ilustre futuro y garantizará la divinidad eterna del hombre. Él mostrará que el sendero de la vida, el viaje evolutivo, conduce indefectiblemente hacia arriba como también siempre hacia delante, y que realizar el viaje juntos, como hermanos y hermanas, es la forma más segura y el sendero más iluminado de alegría. Buscad, pues, las señales de la entrada de Maitreya, hacedlo saber, e inspirad la esperanza de vuestros hermanos.

(*Share International*, Marzo 2007)

[Nota del Editor: Como el Maestro ilustró tan vívidamente en este artículo, podríamos ahora esperar avistamientos generalizados de naves espaciales y otras señales del emerger de Maitreya. Las noticias de tales avistamientos de todo el mundo se publican en la revista *Share International*.]

Círculos de las Cosechas

Los círculos de las cosechas son creados por lo que generalmente se denomina la actividad de los ovnis. Estos ovnis provienen, principalmente, de Marte y de Venus, no de fuera de nuestro sistema solar. Todos los planetas de este sistema están poblados, aunque si usted fuera a Marte o a Venus no vería a nadie en absoluto, pues todos estos seres se encuentran en materia etérica superior. El fenómeno ovni está netamente relacionado con la Reaparición del Cristo, y con la exteriorización del trabajo de la Jerarquía, y tenemos con ellos una gran deuda. Su vigilancia de este planeta es total, y, energéticamente hablando, de enorme beneficio para el mundo.

Lo que la Gente del Espacio está haciendo en los círculos de las cosechas, en particular, es recrear hasta cierto punto el 'entramado' del campo magnético de nuestra Tierra en el plano físico. Cada uno de estos círculos de las cosechas es un chakra, por así decirlo, un vórtice de energía magnética, y están extendiéndose por todo el mundo, tras haber comenzado por Inglaterra. Todas estas configuraciones son 'ideogramas', y si estuvieran familiarizados con la 'ideografía' de la antigua Atlántida reconocerían algunos de los ideogramas. No se pretende que se reconozca su significado, sino el hecho de que tienen un significado, que mucha gente 'intuirá'. Son un recordatorio de la antigua conexión con los Hermanos del Espacio.

(*Share International,* Julio/Agosto 1991)

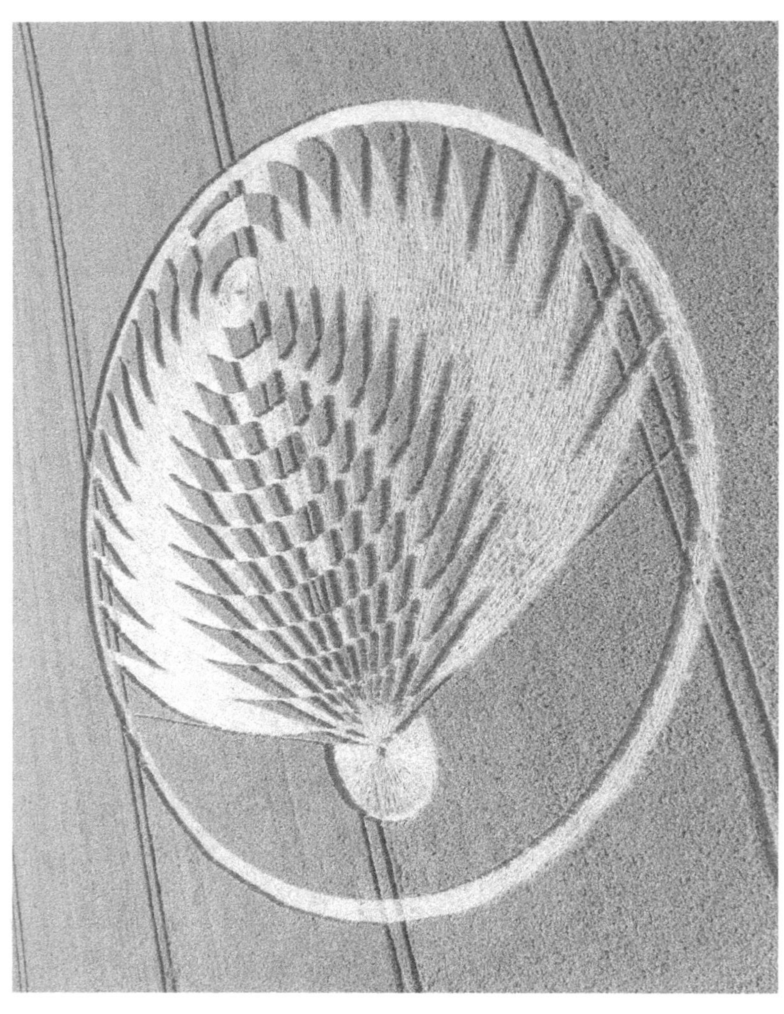

Uffington Castle, Oxfordshire, Reino Unido, 8 Julio 2006. ©Steve Alexander

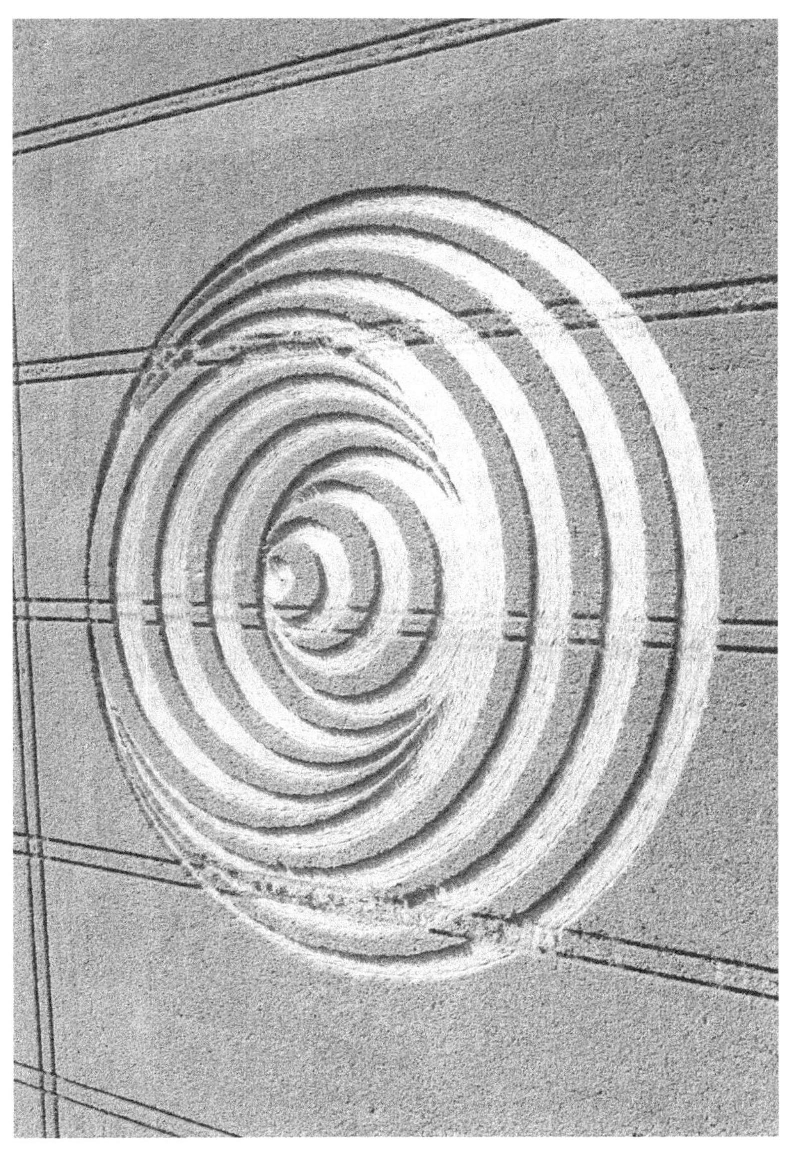

Aldbourne, Wiltshire, Reino Unido, 14 Julio 2006. ©Steve Alexander

Meditación de Transmisión

— Una breve introducción —

Una meditación grupal que proporciona tanto un servicio dinámico al mundo como un poderoso desarrollo espiritual y personal.

La Meditación de Transmisión es una meditación grupal establecida para distribuir mejor las energías espirituales de sus custodios, los Maestros de Sabiduría, nuestra Jerarquía Espiritual planetaria. Es un medio de "reducir" (transformar) estas energías para que se vuelvan más asequibles y útiles para el público en general. Es la creación, en cooperación con la Jerarquía de Maestros, de un vórtice o depósito de energía elevada para el beneficio de la humanidad.

En marzo de 1974, bajo la dirección de su Maestro, Benjamin Creme formó el primer grupo de Meditación de Transmisión en Londres. Actualmente existen cientos de grupos de Meditación de Transmisión en todo el mundo y se forman grupos nuevos todo el tiempo.

Los grupos de Meditación de Transmisión proporcionan un enlace por el cual la Jerarquía puede responder a la necesidad del mundo. El motivo principal de este trabajo es el servicio, pero también constituye un poderoso método de crecimiento personal. Muchas personas están buscando formas de mejorar el mundo. Este deseo de servir puede ser poderoso, pero difícil de cumplir, en nuestras ajetreadas vidas. Nuestra alma necesita de un medio por el cual servir, pero no siempre respondemos a su llamada, y así producimos desequilibrio y conflicto en nuestro interior. La Meditación de Transmisión proporciona una oportunidad única para servir de una forma potente y totalmente científica con el mínimo de inversión de tiempo y energía.

Benjamin Creme realiza talleres de Meditación de Transmisión en todo el mundo. Durante la meditación él es adumbrado por Maitreya, el Instructor del Mundo, lo que permite a Maitreya conferir nutrición espiritual a los participantes. Muchas personas se inspiran para comenzar a practicar la Meditación de Transmisión después de asistir a tales talleres, y muchos reconocen haber recibido curación durante el proceso.

[Véase *Transmisión: Una Meditación para la Nueva Era* de Benjamin Creme, Share Ediciones]

La Gran Invocación

Desde el punto de Luz en la Mente de Dios
Que afluya luz a las mentes de los hombres.
Que la Luz descienda a la Tierra.

Desde el punto de Amor en el Corazón de Dios
Que afluya amor a los corazones de los hombres.
Que Cristo retorne a la Tierra.

Desde el centro donde Voluntad de Dios es conocida
Que el propósito guíe a las pequeñas voluntades de los hombres—
El Propósito que los Maestros conocen y sirven.

Desde el centro que llamamos la raza de los hombres
Que se realice el Plan de Amor y de Luz
Y selle la puerta donde se halla el mal.

Que la Luz, el Amor y el Poder restablezcan el Plan en la Tierra.

La Gran Invocación, utilizada por el Cristo por primera vez en Junio de 1945, fue dada por Él a la humanidad para facultar al hombre a invocar las energías que podrían cambiar nuestro mundo y hacer posible el retorno del Cristo y la Jerarquía. Esta Oración Mundial, traducida a muchos idiomas, no está patrocinada por ningún grupo o secta. Es utilizada a diario por hombres y mujeres de buena voluntad que desean lograr correctas relaciones en toda la humanidad.

La Oración para la Nueva Era

Yo soy el Creador del Universo.

Yo soy el Padre y la Madre del Universo.

Todo viene de Mí.

Todo regresará a Mí.

Mente, Espíritu y Cuerpo son Mis Templos,

Para que el Ser realice en ellos

Mi Supremo Ser y Devenir.

La Oración para la Nueva Era, dada por Maitreya, el Instructor del Mundo, es un gran mantram o afirmación con un efecto invocativo. Será una herramienta poderosa en nuestro reconocimiento de que el hombre y Dios son Uno, de que no hay separación. El 'Yo' es el Principio Divino detrás de toda creación. El Ser emana del Principio Divino y es idéntico a él.

La forma más efectiva de utilizar este mantram es decir o pensar el texto con la voluntad enfocada, mientras se mantiene la atención en el centro ajna en el entrecejo. Cuando la mente comprende el significado de los conceptos, y se ejerce la voluntad simultáneamente, estos conceptos serán activados y el mantram funcionará. Si se dice sinceramente cada día, crecerá en ti una comprensión de tu verdadero Ser.

(Publicada por primera vez en *Share International*, Septiembre 1988.)

Glosario de Términos Esotéricos

Acuario – Astronómicamente, la era de Acuario, comienza ahora y durará 2.350-2.500 años. Esotéricamente, se refiere al Portador de Agua, la era de Maitreya, y a la energía espiritual de Acuario: la de síntesis y fraternidad.

Adumbramiento – Un proceso voluntario cooperativo por el cual la conciencia de un Maestro entra y trabaja temporalmente a través de los cuerpos físico, emocional y mental de un discípulo.

Alma (Ego, Ser Superior, gobernante interior, Cristo interior, Hijo de la Mente, Angel Solar) – El principio vinculante entre Espíritu y materia, entre Dios y Su forma. Proporciona conciencia, carácter y cualidad a toda manifestación en la forma.

Antahkarana – Un canal invisible de luz formando un puente entre el cerebro físico y el alma, construido a través de la meditación y el servicio.

Anticristo – Energía del aspecto voluntad de Dios, en su fase involutiva, que destruye las viejas formas y relaciones, por ejemplo al final de una era, para preparar el camino para las fuerzas constructivas del Principio Crístico. Manifestado en tiempos romanos a traves del emperador Nerón y en tiempos modernos a través de Hitler y seis de sus colaboradores.

Ashram – Un grupo de un Maestro. En la Jerarquía Espiritual existen 40 ashrams, siete principales y 42 subsidiarios, cada uno liderado por un Maestro de Sabiduría.

Átomos permanentes – Los tres átomos de materia –física, astral y mental– alrededor de los cuales se forman los cuerpos para una nueva encarnación. Ellos retienen la frecuencia vibratoria del individuo en el momento de la muerte, garantizando que el 'status' energético evolutivo así alcanzado se traslade a las vidas sucesivas.

Avatar – Un Ser espiritual que 'desciende' en respuesta a la llamada y necesidad de la humanidad. Existen avatares humanos, planetarios y cósmicos. Los últimos se les denomina 'Encarnaciones Divinas'. Sus enseñanzas, correctamente comprendidas y gradualmente aplicadas por la humanidad, expanden nuestra comprensión y presentan el siguiente paso adelante en el desarrollo evolutivo de la humanidad.

Avatar de Síntesis – Un gran Ser cósmico que encarna las energías de Voluntad, Amor, Inteligencia y otra energía para la cuál aún no tenemos nombre. Desde la década de 1940 Él ha estado enviando estas energías al mundo, gradualmente transformando la división en unidad.

Buddha – El último Avatar de la era de Aries. Anterior Instructor del Mundo que se manifestó a través del Príncipe Gautama alrededor del año 500 a.C. La Encarnación de la Sabiduría, Él actualmente actúa como el 'Intermediario Divino' entre Shamballa y la Jerarquía. Los budistas esperan a su próximo gran instructor bajo el nombre de Maitreya Buddha.

Buddhi – El alma o mente universal; razón superior; comprensión amorosa; amor-sabiduría. La energía del amor como los Maestros la experimentan.

Centro Ajna – El centro de energía (chakra) entre las cejas. Centro director de la personalidad. Su correspondencia a nivel físico es la glándula pituitaria.

Chakras – Centros (vórtices) de energía en el cuerpo etérico relacionados a la columna vertebral y las siete glándulas endocrinas más importantes. Responsables de la coordinación y vitalización de todos los cuerpos (mental, astral y físico) y su correlación con el alma, el principal centro de conciencia. Existen siete chakras mayores y 42 menores.

Conciencia Crística – La energía del Cristo Cósmico, también conocida como el Principio Crístico. Encarnado para nosotros por el Cristo, está actualmente despertándose en los corazones de millones de personas de todo el mundo. La energía de evolución per se.

Cristo – Un término utilizado para designar al líder de la Jerarquía Espiritual; el Instructor del Mundo; el Maestro de todos los Maestros. El puesto actualmente ocupado por el Señor Maitreya.

Cuerpo astral – El vehículo emocional de un individuo.

Cuerpo causal – El vehículo de expresión del alma en el plano causal. El receptáculo donde la conciencia del punto de desarrollo evolutivo de uno se almacena.

Cuerpo etérico – La contraparte energética del cuerpo físico, compuesta de siete centros principales (chakras) y 42 centros menores, una red que conecta todos los centros, y de infinitesimalmente pequeños hilos de energía (nadis) que subyacen cada parte del sistema nervioso. Los bloqueos en el cuerpo etérico pueden dar lugar a enfermedades físicas.

Cuerpo mental – El vehículo de la personalidad en el plano mental.

Deva – Ser angelical o celestial perteneciente a un reino en la naturaleza que evoluciona paralelo a la humanidad, y que oscila desde elementales subhumanos hasta seres superhumanos de un nivel de un Logos planetario. Son los 'constructores activos', trabajando inteligentemente con la sustancia para crear todas las formas que vemos, incluyendo los cuerpos mental, emocional y físico de la humanidad.

Día de la Declaración – El día en el cual Maitreya se dará a conocer al mundo durante una emisión radiofónica y televisiva. Incluso aquellos que no estén escuchando o mirando escucharán Sus palabras telepáticamente en su propio idioma y, al mismo tiempo, tendrán lugar cientos de miles de curaciones espontáneas en todo el mundo. El comienzo de la misión abierta de Maitreya en el mundo.

Dios (ver también Logos) – El gran Ser Cósmico que enalma este planeta, encarnando todas las Leyes y todas las energías gobernadas por esas Leyes, que componen todo lo que vemos y no podemos ver.

Encarnación – Manifestación del alma como una personalidad triple, bajo la Ley del Renacimiento.

Energía – Desde el punto de vista esotérico, no existe nada sino energía en todo el universo manifestado. La energía vibra en diversas frecuencias, y la frecuencia específica determina la forma que la energía tomará. La energía puede ser influenciada y dirigida por el pensamiento.

Era – Ciclo mundial, aproximadamente 2.500 años, determinado por la relación de la Tierra, el Sol y las constelaciones de zodíaco.

Era de Piscis – El flujo de energía, que llega a nuestra vida planetaria desde la constelación de Piscis, ha estado condicionando al experiencia y civilización humanas durante dos mil años. Fue inaugurada por Jesús en Palestina y en su mejor faceta produce las cualidades de sensibilidad y sacrificio. La Era de Piscis está finalizando y la nueva era de Acuario ha comenzado.

Esoterismo – La filosofía del proceso evolutivo tanto del hombre como de los reinos inferiores de la naturaleza. La ciencia de la sabiduría acumulada de las eras. Presenta un explicación sistemática y detallada de la estructura energética del universo y del lugar del hombre en él. Describe las fuerzas e influencias que subyacen al mundo fenoménico. También, el proceso de ser conscientes y de gradualmente controlar estas fuerzas.

Espejismo – Ilusión en el plano astral. El estado cuando la mente queda velada por los impulsos emocionales generados en los niveles astrales, impidiendo al ojo de la mente distinguir claramente la realidad. Ejemplos: temor, autocompasión, crítica, desconfianza, petulancia, materialidad extrema.

Espíritu – Como lo utiliza Maitreya, un término que significa la suma total de todas las energías –la fuerza vital– que anima y vitaliza a un individuo. También utilizado, más esotéricamente, para describir a la Mónada que se refleja en el alma.

Espíritu de Paz o Equilibrio – Un Ser cósmico que asiste el trabajo de Maitreya adumbrándole con Su energía. Él trabaja estrechamente con la Ley de Acción y Reacción, para transformar las actuales condiciones caóticas en su estado opuesto en exacta proporción.

Espiritual – La cualidad de cualquier actividad que impulsa al ser humano hacia delante hacia alguna forma de desarrollo –físico, emocional, institucional, social– progresando de su estado actual.

Evolución – El proceso de espiritualización de la materia. El camino de regreso a la Fuente. La supresión de los velos del engaño y la ilusión al final conduce a la conciencia cósmica.

Fuerzas de la Luz (Fuerzas de la Evolución) – La Jerarquía Espiritual de nuestro planeta. El centro planetario de Amor-Sabiduría. Ver también Jerarquía Espiritual.

Fuerzas de la Oscuridad (Fuerzas del Mal, Fuerzas de la Materialidad) – Las fuerzas involutivas o materialistas que sostienen el aspecto materia del planeta. Cuando sobrepasan su papel e inciden sobre el progreso espiritual de la humanidad, se las conoce como 'mal'.

Gran Invocación – Una fórmula antigua, traducida por la Jerarquía para uso de la humanidad para invocar las energías que cambiarán nuestro mundo. Traducida en muchos idiomas, es utilizada a diario por millones de personas.

Gurú – Un instructor espiritual.

Hierofante – El Iniciador. El Cristo, en las primeras dos iniciaciones, o el Señor del Mundo, en la tercera iniciación y siguientes.

Hombre/Mujer – La manifestación física de una Mónada espiritual (o Ser), que es una chispa individual del Espíritu Uno (Dios).

Ilusión – Engaño en el plano mental. El alma, utilizando la mente presa del espejismo como su instrumento, obtiene una imagen distorsionada del mundo fenoménico.

Imán Mahdi – El profeta cuyo regreso es esperado por algunas sectas islámicas para que Él pueda completar el trabajo comenzado por Mahoma.

Iniciación – Un proceso voluntario por el cual tienen lugar etapas sucesivas y graduadas de unificación y alineación entre el hombre o mujer en encarnación, su alma y la Mónada divina o 'chispa de Dios'. Cada etapa confiere al iniciado una comprensión más profunda del significado y propósito del Plan de Dios, una conciencia despierta más completa de su parte en ese Plan, y una creciente capacidad de trabajar consciente e inteligentemente hacia su realización.

Instructor del Mundo – El líder de la Jerarquía Espiritual en cualquier ciclo dado. El Maestro de todos los Maestros. El puesto ocupado actualmente por el Señor Maitreya.

Involución – El proceso por el cual el espíritu desciende a la materia, su polo opuesto.

Jerarquía – Ver Jerarquía Espiritual.

Jerarquía Espiritual (Fraternidad Blanca, Sociedad de las Mentes Iluminadas) – El Reino de Dios, el Reino Espiritual o el Reino de las almas, constituido por los Maestros e iniciados de todos los grados y cuyo propósito es implementar el Plan de Dios. Centro planetario de Amor-Sabiduría.

Jesús – Un Maestro de Sabiduría y discípulo del Cristo, Maitreya. Permitió al Cristo trabajar a través Suyo durante el período desde Su bautismo hasta la crucifixión. En el futuro, Él desempeñará un importante papel para reinspirar y reorientar todo el campo de la religión cristiana. Como el Maestro Jesús, Él trabaja estrechamente con Maitreya, a menudo apareciéndose a personas (disfrazado).

Karma – Nombre oriental de la Ley de Causa y Efecto. La Ley básica que gobierna nuestra existencia en el sistema solar. Cada pensamiento que tenemos, cada acción que realizamos, pone en movimiento una causa. Las causas tienen efectos, que conforman nuestras vidas, para bien o para mal. Expresado en términos bíblicos: "Lo que siembras, cosecharás". En términos científicos: "Por cada acción existe una reacción igual y opuesta".

Krishna – Un gran Avatar que apareció alrededor del 3.000 a.C. y sirvió como el vehículo de manifestación del Señor Maitreya durante la era de Aries. Al demostrar la necesidad de controlar la naturaleza astral/emocional, Krishna abrió la puerta a la segunda iniciación. Los hindúes esperan una nueva encarnación de Krishna al final del Kali Yuga, la era de la oscuridad.

Ley de Causa y Efecto (Ley de Acción y Reacción) – Ver Karma.

Ley de Renacimiento – Ver Reencarnación.

Logos – Dios. El Ser Cósmico que enalma un planeta (Logos Planetario), un sistema solar (Logos Solar), una galaxia (Logos Galáctico) y así hasta el infinito.

Logos Planetario – Ser Divino que enalma un planeta.

Logos Solar – Ser Divino que enalma nuestro sistema solar.

Maestros de Sabiduría – Individuos que han tomado la quinta iniciación, habiendo pasado por todas las experiencias que la vida en este mundo ofrece y, en el proceso, habiendo adquirido una total maestría sobre ellos mismos y las leyes de la naturaleza. Custodios del Plan de evolución y de todas las energías que entran en este planeta que suscitan el cumplimiento del Plan.

Maestro Djwhal Khul (D.K.) – Uno de los Maestros de Sabiduría, conocido como el Tibetano, que dictó la última fase de las Enseñanzas de la Sabiduría Eterna a través de la discípula Alice A. Bailey. Él fue también el responsable del material de los libros de Helena Blavatsky, *La Doctrina Secreta* e *Isis sin Velo*.

Maitreya – El Instructor del Mundo para la era de Acuario. El Cristo y líder de la Jerarquía Espiritual de nuestro planeta. El Maestro de todos los Maestros.

Mal – Cualquier cosa que impide el desarrollo evolutivo.

Manas – Mente superior.

Mantram – Fórmula o arreglo de palabras o sílabas que, cuando se pronuncian correctamente, invoca energía.

Meditación – Medios científicos para contactar con el alma de uno y con el tiempo alinearse con el alma. También el proceso de estar abierto a la impresión espiritual y así a la cooperación con la Jerarquía Espiritual.

Meditación de Transmisión – Un grupo de meditación con el propósito de 'reducir en potencia' (transformar) energías espirituales que emanan de la Jerarquía Espiritual de Maestros que así se hace accesible y útil para el público en general. Es la creación de un vórtice o depósito de energía superior para el beneficio de la humanidad. Ésta es una forma de servicio que es sencilla de realizar, y al mismo tiempo es un poderoso medio de crecimiento personal. Existen cientos de grupos de Meditación de Transmisión activos en muchos países de todo el mundo.

Mónada/Ser – Espíritu puro reflejando la triplicidad de la Deidad: (1) Voluntad o Poder Divino (el Padre); (2) Amor-Sabiduría (el Hijo); (3) Inteligencia Activa (el Espíritu Santo). La 'chispa de Dios' residente en cada ser humano.

Oculto – Escondido. La ciencia oculta de la energía (ver Esoterismo).

Personalidad – Vehículo triple del alma en el plano físico, consistiendo de un cuerpo mental, uno emocional (astral) y uno físico-etérico.

Plano – Un nivel de manifestación.

Plano astral – El plano de las emociones, incluyendo los pares de opuestos, tales como la esperanza y el miedo, el amor sentimental y el odio, la felicidad y el sufrimiento. El plano de la ilusión.

Plano búddhico – Plano de la intuición divina.

Plano causal – El tercero de los cuatro planos mentales superiores en los cuales reside el alma.

Plano físico – Los estados vibratorios más inferiores de la sustancia, que incluye: materia física-densa, líquida, gaseosa y etérica.

Plano mental – El plano de la mente donde tiene lugar el proceso mental.

Planos etéricos – Cuatro planos de energía más sutiles que el físico gaseoso. Aún invisibles para la mayoría de personas.

Polarización astral – El foco de la conciencia está en el plano astral. La primera raza, la lemuriana, tenía el objetivo de perfeccionar la conciencia del plano físico. El objetivo del hombre atlante fue el perfeccionamiento de la conciencia astral/emocional. La mayoría de la humanidad actualmente está aún polarizada en el plano astral. Ver también Polarización mental.

Polarización mental – El foco de la conciencia en el plano mental. El cambio de la conciencia al plano mental comienza alrededor de la mitad del camino entre la primera y la segunda iniciación planetaria.

Pralaya – Estado de existencia no-mental, no-astral, no-material en algún lugar entre la muerte y el renacimiento, donde el impulso de la vida está en reposo. Una experiencia de paz perfecta y dicha interminable antes de tomar la siguiente encarnación. Corresponde a la idea cristiana del paraíso.

Rayos – Los siete flujos de energía universal divina, siendo cada uno la expresión de una gran Vida, cuya interacción en toda frecuencia concebible crea los sistemas solares, galaxias y universos. El movimiento de estas energías, en ciclos de espiral, atrae a todos los seres dentro y fuera de manifestación, coloreando y saturándolos con cualidades y atributos específicos.

Rayos de Naciones – Cada nación está gobernada por dos rayos, un rayo del alma, que es percibido y expresado por los iniciados y discípulos de la nación; y un rayo de la personalidad que es la influencia y expresión dominante de las masas. De tanto en tanto, a través de las actividades de los iniciados y discípulos de un país, podría expresarse el rayo del alma y podría verse la verdadera cualidad de la nación.

Realización del Ser – El proceso de reconocimiento y expresión de nuestra naturaleza divina.

Reencarnación (Ley del Renacimiento) – El proceso que permite a Dios, a través de un agente (nosotros) descender hasta Su polo opuesto –la materia– para traer esa materia de vuelta hasta Él, totalmente imbuida de la naturaleza de Dios. La Ley del Karma nos lleva de vuelta a la encarnación hasta que gradualmente, a través del proceso evolutivo, revelamos más fielmente nuestra divinidad innata.

Sabiduría Eterna – Un antiguo conjunto de enseñanzas espirituales que subyacen a todas las religiones del mundo como también a todos los logros científicos, sociales y culturales. Hecho accesible por primera vez por escrito al público general a finales de siglo XIX por Helena Petrovna Blavatsky y en este siglo por Alice A. Bailey, Helena Roerich y Benjamin Creme.

Sanat Kumara – El Señor del Mundo. La expresión física-etérica de nuestro Logos Planetario que reside en Shamballa. Un gran Ser, originario de Venus, que se sacrificó a Sí mismo para convertirse en el vehículo de la personalidad para la deidad que enalma nuestro planeta hace 18,5 millones de años. El aspecto más cercano de Dios que podemos conocer.

Señor del Mundo – Ver Sanat Kumara.

Ser/Mónada – La chispa divina dentro de cada ser humano.

Shamballa – Un centro de energía. El principal centro en el planeta. Está ubicado sobre el Desierto de Gobi en los dos planos etéricos más elevados. Desde y a través suyo fluye la Fuerza de Shamballa, la energía de Voluntad o Propósito. Se corresponde con el centro coronario (chakra).

Tres Festivales Espirituales – Fijados por las lunas llenas de Aries, Tauro y Géminis (Abril, Mayo y Junio). Estos festivales, celebrados en los Festivales de Pascua, Wesak y del Cristo, serán fundamentales en la Nueva Religión Mundial, y constituirán, cada uno de ellos, un gran Acercamiento a la Deidad –la evocación de la Luz Divina, el Amor Divino y la Voluntad Divina, que luego podrán anclarse en la Tierra y ser utilizados por el hombre.

Triángulos – Un grupo de tres personas que se unen cada día en pensamiento durante unos pocos minutos de meditación creativa.

Vehículo – La forma por la cual seres superiores encuentran expresión en los planos inferiores. Los cuerpos físico, astral y mental, por ejemplo, forman los vehículos del alma en los planos inferiores.

Vibración – Movimiento de energía. Toda energía vibra a su propia frecuencia específica. El proceso evolutivo avanza a través de un aumento de la frecuencia vibratoria en respuesta a las energías superiores entrantes.

Yoga – Unión de la naturaleza inferior con la superior. También, diferente formas y técnicas para ganar control de los cuerpos físico, astral y mental.

Libros de Benjamin Creme

(Ordenados según fecha de publicación en inglés)

La Reaparición del Cristo y Los Maestros de Sabiduría

El primer libro de Benjamin Creme proporciona la información básica y pertinente en relación al regreso de Maitreya, el Cristo. Colocando el acontecimiento más profundo de los últimos 2.000 años en su correcto contexto histórico y esotérico, Creme describe los efectos que tendrá la presencia del Instructor del Mundo tanto en las instituciones del mundo como en la persona normal y corriente. Los temas abarcan desde el alma y la reencarnación, a la energía nuclear, los ovnis, y un nuevo orden económico.

1ª Edición 1989. 2ª Edición 1994. 3ª Edición 2020 ISBN Nº 84-89147-56-0 (Share Ediciones). (Traducción de la 2ª Edición Inglesa)

Mensajes de Maitreya el Cristo

Durante los años de preparación para Su emerger, Maitreya dio 140 mensajes a través de Benjamin Creme durante conferencias públicas, utilizando el adumbramiento mental y la conexión telepática que surge de ello. Los Mensajes de Maitreya inspiran al lector para divulgar la noticia de Su reaparición y para trabajar de forma urgente en el rescate de las millones de personas que sufren de pobreza y hambruna en un mundo de abundancia. Cuando se leen en voz alta, los mensajes invocan la energía y bendición de Maitreya.

2ª Edición 2020. ISBN Nº 84-89147-57-7 (Share Ediciones). (Traducción de la 2ª Edición Inglesa)

Transmisión: Una Meditación para la Nueva Era

La Meditación de Transmisión es una forma de meditación grupal con el propósito de 'reducir' (transformar) energías espirituales que así se hacen asequibles y útiles para el público en general. Es la creación, en cooperación con la Jerarquía de Maestros, de un vórtice o estanque de energía superior para el beneficio de la humanidad.

Describe un proceso dinámico, presentado al mundo por el Maestro de Benjamin Creme en 1974. Grupos dedicados al servicio al mundo transmiten energías espirituales dirigidas a través de ellos por los Maestros de nuestra Jerarquía Espiritual. Aunque el principal motivo de este trabajo es el servicio, también es un poderoso medio de crecimiento personal. Se dan directrices para la formación de grupos de transmisión, junto con respuestas a muchas preguntas relacionadas con el trabajo.

2ª Edición 2020. ISBN Nº 84-89147-59-1 (Share Ediciones). (Traducción de la 6ª Edición Inglesa)

Un Maestro Habla, Tomo I

La Humanidad está guiada, desde detrás del escenario, por un grupo de hombres altamente evolucionados e iluminados que nos han precedido en el sendero de la evolución. Estos Maestros de la Sabiduría, como son llamados, raramente aparecen abiertamente, sino que en general trabajan a través de Sus discípulos – hombres y mujeres que influencian a la sociedad a través de su trabajo en ciencia, educación, arte, religión y política.

El artista británico Benjamin Creme es un discípulo de un Maestro con El cuál está en estrecho contacto telepático. Desde el inicio de la publicación de Share International, la revista de la cual Benjamin Creme es uno de los dos editores jefes, su Maestro ha contribuido con una serie de artículos inspiradores sobre una amplia variedad de temas: Razón e Intuición, La Nueva Civilización, Salud y Curación, El Arte de Vivir, La Necesidad de Síntesis, La Justicia es Divina, El Hijo del Hombre, Los Derechos Humanos, La Ley del Renacimiento – y muchos más.

El principal propósito de estos artículos es llamar la atención sobre las necesidades actuales y las de un futuro inmediato. Otra función es dar información sobre las enseñanzas de Maitreya, el Maestro de todos los Maestros, que está en Londres desde 1977 preparándose para Su misión como Instructor del Mundo para toda la humanidad. Esta nueva y ampliada edición contiene todos los 222 artículos de los primeros 22 volúmenes de Share International.

2ª Edición 2020. ISBN Nº 84-89147-58-4 (Share Ediciones). (Traducción de la 3ª Edición Inglesa)

Un Maestro Habla, Tomo II

La Humanidad está guiada, desde detrás de la escena, por un grupo de hombres altamente evolucionados e iluminados que nos han precedido en el sendero de la evolución. Estos Maestros de la Sabiduría, como son llamados, raramente aparecen abiertamente, sino que en general trabajan a través de Sus discípulos – hombres y mujeres que influencian a la sociedad a través de su trabajo en ciencia, educación, arte, política y cada esfera de la vida.

El artista británico Benjamin Creme era un discípulo de un Maestro con el cuál estaba en estrecho contacto telepático. Desde el lanzamiento en 1982 de la publicación de Share International, la revista de la cual Benjamin Creme era el editor fundador, su Maestro ha contribuido con una serie de artículos inspiradores sobre una amplia variedad de temas: La fraternidad del hombre, El fin de la guerra, Unidad en la diversidad, Salvar el planeta, Las ciudades del mañana, y muchos más.

El propósito de estos artículos es, en las propias palabras del Maestro, "presentar a los lectores de esta revista un retrato de la vida que está por delante, inspirar un enfoque positivo y feliz a ese futuro y equiparles con las herramientas de conocimiento con las que tratar correctamente los problemas que a diario surgen en el camino. Desde Mi situación de privilegio en experiencia y visión, he buscado actuar como 'vigilante' y guarda, para advertir del peligro cercano y permitirte a ti, el lector, actuar con valor y convicción en el servicio al Plan."

Un Maestro Habla, Tomo II, contiene todos los artículos publicados en la revista Share International de Enero de 2004 hasta Diciembre de 2016.

1ª Edición 1995. ISBN Nº 84-89147-53-9 (Share Ediciones). (Traducción de la 1ª Edición Inglesa)

La Misión de Maitreya, Tomo I

El primer libro de una trilogía que describe con amplitud adicional el emerger de Maitreya. Este tomo puede considerarse como una guía para la humanidad mientras realiza su viaje evolutivo. Se cubre una amplia gama de temas, como: las nuevas enseñanzas del Cristo, meditación, karma, vida después de la muerte, curación, transformación social, iniciación, papel del servicio, y los Siete Rayos.

2ª Edición 2020. ISBN Nº 84-89147-60-7 (Share Ediciones). (Traducción de la 3ª Edición Inglesa)

La Misión de Maitreya, Tomo II

Este volumen contiene una variada colección de las enseñanzas de Maitreya a través de Su colaborador, Sus muy precisas predicciones de acontecimientos mundiales, descripciones de Sus apariciones personales milagrosas, e información de fenómenos y señales relacionados. También contiene entrevistas únicas con el Maestro de Benjamin Creme sobre temas actuales. Tópicos relacionados con el futuro incluyen nuevas formas de gobierno, colegios sin muros, energía y pensamiento, la Tecnología de la Luz venidera, y el arte de la realización del Ser.

2ª Edición 2020. ISBN Nº 84-89147-61-4 (Share Ediciones). (Traducción de la 1ª Edición Inglesa)

Las Enseñanzas de la Sabiduría Eterna

Una perspectiva general del legado espiritual de la humanidad, este libro es una introducción concisa y fácil de entender de las Enseñanzas de la Sabiduría Eterna. Explica los principios básicos del esoterismo, incluyendo: la fuente de la Enseñanza, el origen del hombre, el Plan de evolución, renacimiento y reencarnación, y la Ley de Causa y Efecto (karma). También incluye un glosario esotérico y una lista de lectura recomendada.

2ª Edición 2020. ISBN Nº 978-84-89147-69-0 (Share Ediciones). (Traducción de la 1ª Edición Inglesa)

La Misión de Maitreya, Tomo III

Benjamin Creme presenta una visión convincente del futuro, con Maitreya y los Maestros ofreciendo abiertamente Su orientación e inspiración. Los tiempos venideros verán la paz establecida; el compartir de los recursos mundiales como norma; la conservación de nuestro medio ambiente como la máxima prioridad. Las ciudades del mundo se convertirán en centros de gran belleza. Creme también analiza a 10 famosos artistas – incluyendo a da Vinci, Miguel Angel y Rembrandt – desde una perspectiva espiritual.

2ª Edición 2020. ISBN Nº 84-89147-62-1 (Share Ediciones), 682 páginas. (Traducción de la 1ª Edición Inglesa)

El Gran Acercamiento: Nueva Luz y Vida para la Humanidad

Aborda los problemas de nuestro mundo caótico y su cambio gradual bajo la influencia de Maitreya y los Maestros de Sabiduría. Cubre temas como compartir, EEUU en un dilema, conflictos étnicos, crimen, medio ambiente y contaminación, ingeniería genética, ciencia y religión; educación, salud y curación. Predice extraordinarios descubrimientos científicos venideros y muestra un mundo libre de guerra donde las necesidades de todas las personas son satisfechas.

Primera Parte: "La Vida Futura para la Humanidad"; Segunda Parte: "El Gran Acercamiento"; Tercera Parte: "La Llegada de una Nueva Luz".

2ª Edición 2020. ISBN 84-89147-63-8 (Share Ediciones). (Traducción de la 1ª Edición Inglesa)

El Arte de la Cooperación

Trata de los problemas más acuciantes de nuestros tiempos, y sus soluciones, basándose en las Enseñanzas de la Sabiduría Eterna. Encerrados en la vieja competencia, intentamos solucionar los problemas utilizando métodos anticuados, mientras que la respuesta –la cooperación– yace en nuestras manos. El libro muestra el sendero hacia un mundo de justicia, libertad y paz a través de un creciente aprecio por la unidad que subyace toda vida.

Primera Parte: "El Arte de la Cooperación"; Segunda Parte: "El Problema del Espejismo"; Tercera Parte: "Unidad".

2ª Edición 2020. ISBN 84-89147-64-5 (Share Ediciones). (Traducción de la 1ª Edición Inglesa)

Las Enseñanzas de Maitreya: Las Leyes de la Vida

Presenta las Leyes de la Vida, la visión directa, simple, no doctrinaria y profunda de Maitreya. Revelando la Ley del Karma, o Causa y Efecto, estas extraordinarias predicciones de sucesos mundiales fueron dadas por Maitreya entre 1988 y 1993, publicándose por primera vez en la revista *Share International*. Editadas por Benjamin Creme.

Pocas personas podrían leer estas páginas sin experimentar un cambio. Para algunos, los extraordinarios comentarios sobre temas de actualidad les serán de gran interés, mientras que para otros conocer los secretos de la realización del ser, la sencilla descripción de la verdad experimentada, será toda una revelación. Para las personas que busquen comprender las Leyes de la Vida, estas sutiles y profundas revelaciones les conducirán rápidamente hasta el centro de la vida misma, y les ofrecerán un simple sendero que conduce hasta la cumbre de la montaña. La unidad esencial de toda vida se desvela de un modo claro y significativo. Jamás las leyes según las que vivimos se han descrito de una forma tan natural y liberadora.

2ª Edición 2020. ISBN 84-89147-65-2 (Share Ediciones). (Traducción de la 1ª Edición Inglesa)

El Arte de Vivir: Vivir dentro de las Leyes de la Vida

En la Primera Parte, Benjamin Creme describe la experiencia de vivir como una forma de arte, como la pintura o la música. Alcanzar un nivel elevado de expresión requiere tanto el conocimiento como el cumplimiento de ciertos principios fundamentales como la Ley de Causa y Efecto y la Ley del Renacimiento, todo descrito con detalle. La Segunda y Tercera Parte explican cómo podemos emerger de la niebla de la ilusión para convertirnos en un todo y una conciencia despierta de uno mismo.

Primera Parte: "El Arte de Vivir"; Segunda Parte: "Los Pares de Opuestos"; Tercera Parte: "Ilusión".

2ª Edición 2020. ISBN 978-84-89147-66-9 (Share Ediciones), 272 páginas. (Traducción de la 1ª Edición Inglesa)

Maitreya, el Instructor del Mundo para Toda la Humanidad

Presenta una perspectiva general del retorno al mundo cotidiano de Maitreya y Su grupo, los Maestro de Sabiduría; los enormes cambios que la presencia de Maitreya ha suscitado; y Sus recomendaciones para el futuro inmediato. Describe a Maitreya como un gran Avatar espiritual con un amor, sabiduría y poder inconmensurables; y también como un amigo y hermano de la humanidad que está aquí para liderarnos hacia la Nueva Era de Acuario.

2ª Edición 2020, ISBN 978-84-89147-67-6 (Share Ediciones). (Traducción de la 1ª Edición Inglesa)

El Despertar de la Humanidad

Un libro asociado a El Instructor del Mundo para Toda la Humanidad, que resalta la naturaleza de Maitreya como la Personificación del Amor y la Sabiduría. Mientras que El Despertar de la Humanidad se centra en el día en que cual Maitreya se declarará a Sí mismo abiertamente como el Instructor del Mundo para la era de Acuario. Describe el proceso del emerger de Maitreya, los pasos que conducirán al Día de la Declaración, y la respuesta anticipada de la humanidad a este momento trascendental.

2ª Edición 2020, ISBN 978-84-89147-68-3 (Share Ediciones). (Traducción de la 1ª Edición Inglesa)

La Agrupación de las Fuerzas de la Luz: Ovnis y Su Misión Espiritual

La Agrupación de las Fuerzas de la Luz es un libro sobre ovnis, pero con una diferencia. Está escrito por alguien que ha trabajado con ellos y tiene conocimiento desde dentro. Benjamin Creme ve la presencia de ovnis como planeada y de inmenso valor para las personas de la Tierra.

Según Benjamin Creme, los ovnis y las personas dentro de ellos están consagrados a una misión espiritual para aliviar la suerte de la humanidad y salvar a este planeta de una destrucción adicional y veloz. Nuestra propia Jerarquía planetaria, liderada por Maitreya, el Instructor del Mundo, que ahora vive entre nosotros, trabaja incansablemente con sus Hermanos del Espacio en un proyecto fraternal para restablecer la cordura en esta Tierra.

Los temas tratados en este libro incluyen: el trabajo de los Hermanos del Espacio en la Tierra; George Adamski; círculos de las cosechas; la nueva Tecnología de la Luz; el trabajo de Benjamin Creme con los Hermanos del Espacio; los peligros de la radiación nuclear; salvar el planeta; la 'estrella' que anuncia el emerger de Maitreya; la primera entrevista de Maitreya; educación en la Nueva Era; intuición y creatividad; familia y karma.

Primera Parte: "Ovnis y Su Misión Espiritual"; Segunda Parte: "Educación en la Nueva Era"

2ª Edición 2020. ISBN 978-84-89147-70-6 (Share Ediciones). (Traducción de la 1ª Edición Inglesa)

Unidad en la Diversidad: el Camino Adelante para la Humanidad

Necesitamos una visión nueva y esperanzadora para el futuro. Este libro presenta tal visión: un futuro que abarca un mundo en paz, armonía y unidad, mientras que la cualidad y el enfoque de cada individuo son bienvenidos y necesarios. Es visionario, pero expresado con una lógica convincente e irresistible.

Unidad en la Diversidad: El Camino Adelante para la Humanidad incumbe al futuro de cada hombre, mujer y niño. Trata del futuro de la misma Tierra. La humanidad, indica Creme, está en una encrucijada y tiene que tomar una gran decisión: seguir hacia adelante y crear una nueva y brillante civilización en la cual todos son libres y la justicia social reina, o continuar como estamos, divididos y compitiendo, y presenciar el fin de la vida en el planeta Tierra.

Creme escribe para la Jerarquía Espiritual en la Tierra, cuyo Plan para la mejora de toda la humanidad presenta. Él muestra que el sendero hacia adelante para todos nosotros es la realización de nuestra unidad esencial sin el sacrificio de nuestra igualmente diversidad esencial.

2ª Edición 2020. ISBN 978-84-89147-71-3 (Share Ediciones). (Traducción de la 1ª Edición Inglesa)

Los libros de Benjamin Creme han sido traducidos del inglés y publicados en alemán, castellano, francés, holandés y japonés por grupos que han respondido a este mensaje. Algunos de estos libros también han sido traducidos al chino, croata, esloveno, finlandés, griego, hebreo, italiano, portugués, rumano, ruso y sueco. Están proyectadas más traducciones. Estos libros están disponibles en librerías locales como también online.

Revista Share International

Una revista única que publica cada mes: información actualizada sobre la reaparición de Maitreya, el Instructor del Mundo; un artículo de un Maestro de Sabiduría; ampliación de la enseñanza esotérica; respuestas de Benjamin Creme a una variedad de preguntas de actualidad y esotéricas; artículos y entrevistas con personas a la vanguardia del cambio progresista del mundo; noticias de agencias de la ONU e informes de progresos positivos en la transformación de nuestro mundo.

Share International reúne las dos líneas más importantes del pensamiento de la Nueva Era: el político y el espiritual. Muestra la síntesis que sirve de base a los cambios políticos, sociales, económicos y espirituales que están ocurriendo actualmente a escala global, y busca estimular acciones prácticas para reconstruir nuestro mundo con unas bases más justas y compasivas.

Share International cubre noticias, sucesos y comentarios relacionados con las prioridades de Maitreya: un suministro adecuado de alimentos apropiados, vivienda y cobijo adecuados para todos, sanidad como un derecho universal, el mantenimiento de un equilibrio ecológico en el mundo.

Share International se publica en inglés. Existen también versiones en alemán, esloveno, francés, holandés y japonés.

Para más información:

www.share-es.org

Sobre el Autor

Benjamin Creme, pintor y esoterista de origen escocés, ha estado durante casi 40 años preparando al mundo para el acontecimiento más extraordinario de la historia humana – el regreso de nuestros mentores espirituales al mundo cotidiano.

Ha sido entrevistado por cadenas de televisión, radio y películas documentales de todo el mundo, y ofrece conferencias regularmente por toda Europa Oriental y Occidental, los EEUU, Japón, Australia, Nueva Zelanda, Canadá y México.

Entrenado y supervisado durante muchos años por su propio Maestro, comenzó su trabajo público en 1974. Él anunció en 1982 que el Señor Maitreya, el por tanto tiempo esperado Instructor del Mundo, estaba residiendo en Londres, preparado para presentarse abiertamente si era invitado por los medios de comunicación. Este suceso es ahora inminente.

Benjamin Creme continuó llevando a cabo su tarea como mensajero de esta noticia esperanzadora hasta su fallecimiento en octubre de 2016. Sus varios libros, diecisiete, han sido traducidos a numerosos idiomas. Él era también editor jefe de la revista *Share International*, que circula en más de 70 países. Él no aceptaba dinero por ninguno de estos trabajos.

Benjamin Creme vivía en Londres, estaba casado, y tenía tres hijos.